세상에 대하여
우리가
세
더잘 알아야 할
교양

78

지은이 소개

지은이 **박남기**

서울대학교 사범대학 국어과(교육학 복수전공)를 졸업하고 미국 피츠버그대학교에서 교육행정학 박사학위를 받았다. 광주교육대학교 교육학과 교수, 피츠버그대학교 국제교육연구소 객원교수를 거친 뒤 2008년부터 2012년까지 광주교육대학교 총장을 지냈다. 총장 역임 후 다시 강단으로 돌아와 후학 양성에 힘쓰고 있으며, 2018년부터는 EBS 〈교육대토론〉의 사회를 맡아 한국 사회가 당면한 교육 관련 문제들을 깊이 들여다보고 그 대안을 제시하는 일을 주도했다. 2017년 한국대학교육협의회가 주최한 '대학교수법 및 학습프로그램 공모전'에서 〈가슴으로 가르치는 교수법〉으로 대상을 받았고, 2018년에는 대한민국 교육발전 기여의 공을 인정받아 대통령상을 수상하였다. 교원교육학회 회장(2018), 대한교육법학회 회장(2019), 한국교육행정학회 회장(2020) 등을 맡으며 학문 발전에도 크게 기여하고 있다. 2019년 현재 광주교대 대학평의원회 의장, 학급경영연구소장, 광주교육나눔본부 이사장 등을 맡고 있다. 지은 책으로 《최고의 교수법》, 《교사는 어떻게 성장하는가》(공저), 《학부모와 함께하는 학급경영》(공저), 《학급경영 마이더스》(공저), 《교육전쟁론》 등 다수가 있다. 블로그 〈그들이 말하지 않은 우리 교육 이야기〉를 운영하면서 함께 나누는 공정한 사회, 아이들이 행복해지는 교육의 미래를 만들기 위해 전국의 교육자들과 소통하고 있다.

세상에 대하여 우리가 더잘 알아야 할 교양

박남기 지음

78

실력
정말 공정한 기준일까?

내인생의책

차례

※ 본문의 **굵은 글씨**로 표시된 단어는 110페이지 용어 설명에서 찾아보세요.

들어가며

무엇이 실력이며 어떻게 해야 공정한가?

북극의 **이누이트**(Innuit)가 부족 구성원과 함께 사냥물을 나누는 과정을 상상해 볼까요? 사냥꾼들이 외뿔고래나 바다표범을 포획해서 돌아오면 부족의 구성원 전체가 모여 포획물을 함께 나눕니다. 잡아 온 사냥감의 배분은 주로 마을 족장이 도맡아 합니다. 수백 년간 이어온 전통적 기준에 따라 큰 고래를 부위별로 나눕니다. 특별히 가치가 남다른 고래의 기름과 가죽, 또는 이빨은 사냥에서 가장 중요한 역할을 한 사람에게 돌아갑니다. 하지만 그 외에는 사냥에 참여하지 않은 사람들에게도 살코기를 골고루 나눠줍니다. 그래도 공정성의 문제를 제기하는 사람은 없습니다. 고래나 바다표범 같은 사냥물은 바다가 인간에게 준 행운입니다. 따라서 그 행운을 온 마을 사람들과 나누는 것은 이들에게 자연스러운 일입니다. 현대의 이누이트가 비록 **원시공동체**는 아니지만, 과거 우리 조상들의 원시공동체를 떠올릴 수 있는 모습을 아직 유지하고 있는 것 같습니다. 그들에게 공정성의 기준은 사냥 실력만이 아닙니다. 부족 구성원 전체가 평화와 생존을 지켜갈 수 있는 분배 방식이라야 진정으로 공정한 기준입니다.

하지만 지구상 절대다수 지역에서 원시공동체는 이미 오래전에 붕괴해 역사적 변천을 거쳐 근대 자본주의로 접어들었습니다. 더 큰 국가형태로 발전하는 과정에서 신분제 사회가 되면서 공정성의 기준이 바뀌었습니다. 신분제 사회에서는 신분에 따라 재화를 나누었습니다. 우리나라도 조선 후기까지는 양반만이 공부하고 과거에 응시할 실질적 권리를 지녔습니다. 개인이 속한 신분에 따라 사회적 평가와

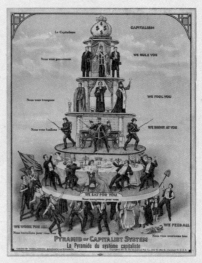

1911년 세계산업노동자협회에서 발행한 자본주의 풍자 포스터. 최하층 노동자를 발판으로 삼아 귀족과 군인, 성직자, 최상위 지배자가 피라미드를 이룬다. 하지만 피라미드의 꼭대기는 사람이 아닌 돈이 차지하고 있다.

처우가 달라지는 사회 체제를 신분제 사회 혹은 귀속 사회라고 합니다.

신분 제도가 폐지되자 이를 대신해 사회적 재화를 분배하는 기준으로 개인의 '실력'이 새롭게 등장합니다. 실력을 공정성의 기준으로 삼는 사회를 실력주의 사회라고 합니다. 실력주의 사회에서는 개인이 갖춘 실력에 따라 재화를 분배해야 공정하다고 평가받습니다. 물론 실력이라는 기준을 사용할 수 없을 때도 있습니다. 이때에는 사회 구성원이 합의하는 다른 보조적인 준거에 따라 분배하기도 합니다.

그런데 실력주의 사회가 극단으로 치달으면서 경쟁은 더욱 치열해집니다. 빈부 격차와 사회적 갈등은 커지며, 국민 전체의 불행감도 높아집니다. 따라서 사람들은 실력을 기준으로 재화를 분배하는 것이 과연 공정한 것인가,

사회 발전에 바람직한가에 대해 다시 고민하게 되었습니다. 이제 인류 사회는 새로운 공정성 기준을 찾기 위한 논의를 진행 중입니다.

많은 사람이 아직도 실력이라는 잣대가 가장 공정하고 이상적이라는 환상에 사로잡혀 있습니다. 이 책에서는 사람들이 실력주의 사회를 이상적인 사회라고 믿게 된 이유를 찾아보고, 그러한 믿음의 근거가 타당한지를 밝혀보고자 합니다. 그리고 실력보다 더 나은 다른 공정한 기준을 모색해 보겠습니다. 이를 위해 1장에서는 공정성이 무엇이며 왜 중요한지 살펴본 후, 2장에서는 실력주의 사회의 실상이 어떤 모습인지 밝혀보겠습니다. 3장에서는 실력과 성공을 좌우하는 요인이 무엇인지, 특히 실력의 공정성을 담보해 온 '노력=실력'이라는 통념에 대해 비판적 시각에서 분석을 진행해 봅니다. 다음으로 4장에서는 실력주의 사회가 가져오는 문제점 중 빈부 격차 심화와 학벌 문제를 살펴보겠습니다. 끝으로 5장에서는 보다 공정한 사회를 위한 대안으로 신실력주의 사회의 비전을 제시할 것입니다. 이 책의 2장부터는 박남기의 《실력의 배신》을 토대로 청소년들이 쉽게 읽을 수 있도록 수정·보완한 것임을 밝힙니다.

1장 공정성이란 무엇이며 왜 중요한가?

실력주의

사회는 인간이 만들 수 있는 대표적인 공정한 사회라고 믿어져 왔습니다. "실력 하나로 세상에서 성공했다."라는 말을 들으면 우리는 그 대상을 존경스럽게 바라보며 선망의 눈빛을 감추지 못합니다. 인간이 지닌 다양한 역량 중에서 가장 떳떳하고 공정한 과정을 거쳐 얻은 힘이 바로 실력이라는 생각을 우리 대부분이 철석같이 믿고 있습니다. 경제 발전에 따라 우리 사회 전체의 부가 증가했고, 이는 공정성의 문제를 불러일으켰습니다. 공정성의 문제는 분배적 정의와 사회적 연대감을 강화하는 차원에서 더욱 중요해졌습니다. 그런데 떳떳하고 공정하다는 게 무엇일까요? 사람들은 언제부터 공정성에 관심을 두게 되었으며 왜 더 중요해졌을까요? 공정하다고 느끼게 하는 분배의 기준에는 어떤 것들이 있을까요? 이제 여러분과 함께 실력이란 무엇이며 공정성은 어떻게 해야 확보되는지에 대한 질문의 답을 찾아 떠나보겠습니다.

공정성이란?

사전적 정의에 따르면 공정은 '공평하고 올바름'을 뜻합니다. 여기에서 '공평'은 '어느 쪽으로도 치우치지 않고 고른' 상태입니다. 따라서 공정은 공평의 상위 개념이 됩니다.

'공정'은 '공평'과는 달리 옳고 그름에 관한 관념 즉, 윤리적 판단을 포함합니다. 공정성의 문제는 일반적으로 수요에 비해 분배할 재화가 한정되어 있을 때 나타납니다. 아무리 긴요한 것이라도 공기처럼 무한정으로 있으면 공정성의 문제는 제기되지 않습니다. 하지만 최근 경제개발 과정에서 대두된 공정성의 문제는 한정된 재화 때문이라기보다 증대된 부의 불공평한 분배 때문에 촉발된 성격이 강합니다. 가령 우리나라의 경우 모두가 가난했던 1960년대 이전에는 오히려 공정성의 문제가 사회적으로 그리 대두되지 않았습니다. 수출주도형 고도성장이 이루어지고 난 이후에 급성장을 겪으면서 우리 사회의 공정성 문제가 주목을 끌기 시작했습니다.

비유를 들어보겠습니다. 1960년대에 가난한 시골 농부의 큰아들이 공부를 잘해서 대학에 갔습니다. 그리고 대기업에 들어가 혼신으로 일한 결과 40대에 사장이 되었습니다. 지난 세월을 돌아보며 그는 온전히 실력으로 세상에 우뚝 섰다는 마음에 참으로 뿌듯할 것입니다. 반면 오빠 하나를 중학교, 고등학교, 대학교까지 보낼 등록금을 마련하느라 초등학교도 제대로 다니지 못한 여동생 셋은 시골에서 여전히 가난하게 삽니다. 오빠가 뿌듯해한 실력에 과연 여동생들의 희생은 포함되었을까요?

▌ 1963년 1월 28일, 경기여자중학교에서 학생들이 고등학교 입학시험을 치르고 있다. (출처: 서울사진아카이브)

사회 전체가 경제개발이라는 명목 아래 대기업에 각종 혜택을 주고 수출주도형 정책을 추진하던 시절부터 우리 사회가 말하는 '실력'이란 도대체 무슨 의미였을까요?

공정성은 공동체를 이루며 살아온 인류에게 사회적 가치 평가의 중요한 잣대였습니다. 공정하다는 것은 쉽게 말해 재화를 나눌 때 구성원 다수가 합당하게 받아들이는 심리적 가치 평가입니다. 설령 자신의 몫이 부족하더라도 나머지 구성원 대부분이 이를 받아들이면 우리는 이를 공정하다고 합니다. 새뮤얼 보울스와 허버트 긴티스에 따르면 인간 사회는 경험을 토대로 협력하는 방법을 진화시켜 왔습니다. 초기의 공정성 이론은 이처럼 분배의 공정성에 초점을 두었습니다. 그러다가 점차 절차적 공정성, 상호작용 공정성 등의 개념이 새로이 추가되었습니다.

한편 공정성의 기준은 절대적이고 객관적인 것이 아니라 집단별, 시대별로 다릅니다. 더구나 같은 시간과 공간에서 사는 사회 구성원이라도 공정성의 기준은 제각각입니다. 따라서 우리 모두가 동의하는 합의점을 찾기는 굉장히 어렵습니다. 인류의 역사를 가진 자와 못 가진 자 사이의 오랜 투쟁 과정으로 본다면, 이는 무엇이 가장 공정한 기준인가를 놓고 벌인 다툼의 기록이라고 해도 무방합니다.

사례탐구 **대학 입시 공정성 논쟁**

우리나라 대입 공정성 논쟁의 한 축은 수학능력시험과 학생부종합전형(이하 '학종') 중 어느 것의 타당성과 신뢰성이 더 높은가에 대한 문제다. 정시 확대 즉, 수능을 잣대로 하여 합격 여부를 결정해야 한다고 주장하는 사람들은 수능이 실력을 비교할 수 있는 객관적인 잣대라고 주장한다. 그들은 학종은 학교의 격차 반영이 어렵고, 교사의 주관적 기록에 의존하거나 자기소개서를 타인이 대필해 줄 가능성이 있으며, 평가자의 주관에 의존하거나 입학사정관의 역량과 여건의 한계 때문에 공정한 잣대가 되지 못한다고 주장한다.

이와 달리 정시 확대를 반대하는 쪽에서는 수능의 타당성 즉, 실력의 척도로서의 적합성에 의문을 제기한다. 하지만 이 문제는 수능에서 창의적 사고력이 필요한 논술형 시험 등을 도입하면 완화될 것이다. 동시에 학종의 신뢰도 향상 방안, 대입 담당자의 학종 평가 신뢰도와 투명성 확보 방안도 함께 마련되어야 할 것으로 보인다.

공정성 논쟁의 또 다른 쟁점은 어느 계층에 유리한가다. 한쪽은 학종이 부모의 도움과 사교육비를 더 많이 필요로 하는 '금수저 전형'이라고 주장한다. 다른 쪽은 학교에서 배운 것만으로 충분한 수능 대비가 어려워 사교육에 많이 의지하게 되므로 학종보다 수능이 부모의 배경이 더 영향을 미친다고 주장한다.

이 논쟁은 기본적으로 실력을 기준으로 하는 것이 가장 공정하다는 실력주의에 대한 신뢰를 바탕에 깔고 있다. 다만 무엇을 실력 평가의 기준으로 삼는 것이 더 공정한가에 대해 서로 다른 견해를 가지고 있을 뿐이다. 이는 실력의 잣대에 대한 집단 간의 투쟁으로 볼 수 있다.

분배적 공정성

개인의 관점에서 분배적 공정성이란 다음과 같이 정의됩니다.

> "자신이 조직에 투입한 노력과 기여의 정도, 그리고 그로부터 받은 보상 비율이 자신의 준거 대상인 타인의 투입과 보상 비율과 얼마나 일치하는지의 여부"

학교라는 공간에서 개인적 관점의 분배적 공정성이란 내가 노력해 받은 점수와 내 친구가 노력해 받은 점수를 비교했을 때 스스로 수긍할 수 있는지에 달려 있습니다. 조별과제를 하는데 열심히 한 나와 열심히 하지 않은 친구가 모두 같은 점수를 받으면 나는 불공정하다고 느낍니다. 하지만 앞에서 이야기한 것처럼 내 기준과 친구들의 기준 혹은 선생님께서 생각하는 기준이 다를 수 있습니다. 나를 제외한 친구들이 어떤 기준에 동의한다면 내가 생각하는 공정성의 기준이 타당한지 스스로 되물어야 합니다.

절차적 공정성

절차적 공정성은 개인들이 보상·분배의 결과에만 관심을 둔다는 분배적 공정성의 한계를 비판하면서 나타난 개념입니다. 절차적 공정성의 개념에 따르면 보상을 받은 사람들은 분배 결과만이 아니라 과정의 공정성도 중요하게 여긴다는 것입니다.

절차적 공정성은 크게 도구적 모형과 집단가치모형으로 나뉩니다.

도구적 모형이란 개인이 자기가 속한 조직의 의사 결정 과정에 참여할 수 있을 때 공정하다고 느낀다는 관점입니다. 학급회의에 참여하는 것은 그 자체로 학생들에게 유리한 결과를 얻는 도구가 될 수 있습니다. 참여 행위 자체가 본인들의 이익을 위한 도구인 셈이죠. 선생님께서 일방적으로 정하는 경우보다 자신들에게 더 편리하고 유리한 규칙을 만들 수 있기 때문입니다.

반면 더 나은 보상이나 결과와 같은 **정량적 관계**보다는 참여를 통해 자신의 정체성을 확인하고 소속감을 강화하는 효과를 거둘 수도 있습니다. 이처럼 절차적 참여를 통해 심리적 보상을 위시한 **정성적 관계**를 원한다고 보는 관점을 집단가치모형이라고 합니다. 학급 규칙을 정할 때 선생님이 정한 것을 따르도록 하는 경우와 학생들이 참여하여 결정하는 경우 설령 결과가 비슷하더라도 학생들이 후자의 경우에 더 만족감을 느끼고 잘 지킵니다. 그 이유는 자신을 학급 사회의 한 구성원으로 완전히 인정하는 절차적 공정성이 지켜졌다고 느끼기 때문입니다.

만일 대학 신입생 선발 기준과 절차를 결정할 때 관련 집단과 구성원의 참여가 보장된다면, 그리고 정해진 내용이 사회적 정의감에도 부합한다면 최소한의 절차적 공정성은 지켜졌다고 할 수 있습니다. 절차적 공정성은 의사 결정 시 사용되는 공식적 절차가 일관성이 있고 윤리적이며 정확하고 공정할 때 보장됩니다.

공정성이 왜 중요한가?

사회연대주의(社會連帶主義)

사회의 구성원은 서로 의존하며 살아가고 있습니다. 상호의존성에 기초하여 인간의 사회적 행위 규범을 만들려는 입장이 사회연대주의입니다. 수렵 생활과 농경 생활을 할 때, 집단 간에 분쟁이 일어날 때, 이기적인 사람들이 많은 집단일수록 살아남거나 승리하기가 어렵습니다. 집단 내 협력과 단결은 구성원의 생존에 필수적이었죠.

그런데 이때 중요한 것이 있습니다. 사람들이 지속해서 협력하게 하려면 획득한 재화를 분배할 때 구성원이 공정하다고 느껴야 합니다. 비록 혼자서 사냥할 때보다 약간 더 받게 되더라도 다른 사람이 자기보다 훨씬 많이 받아 간다면, 즉 지나치게 불공정하다고 느끼면 자기의 몫을 포기하면서 저항하기도 합니다. 서로에게 공평한 결과를 가져온다고 느낄 때 인간은 함께하고자 하죠. 이렇게 반응을 보이는 이유를 뇌 분석으로 알아볼 수도 있습니다.

새뮤얼 보울스와 허버트 긴티스는 뇌 영상을 찍으면서 최후통첩 게임을 했습니다. 그 결과 상대로부터 나쁜 제안을 받으면 우리가 역겨움을 느낄 때 활성화되는 부분이 자극됨을 발견했습니다. 인간은 불공정하다고 느끼면 뇌섬엽이 활성화됩니다.

뇌섬엽은 자신이 공정하게 대우받고 있는지, 사회가 공정하게 움직이는지를 판단합니다. 이때 그렇지 않다고 강하게 느끼면 자신의 이익을 포기하면서 저항하는 결정을 내리기도 합니다. 불공정하다고 느끼는 사람들은 최선을 다하지 않을 뿐만 아니라 협력을 꺼리게 됩니다. 그 결과 공동체 내 구성원의 실력이 최대한 발휘되지 않아 공동체가 생산하는 재화가 줄어들게 됩니다. 또한 불공정하다고 느껴 저항하는 사람들이 늘어나면 최악의 경우 공동체가 깨지기도 합니다. 사회연대주 관점에서 보면 공정성 확보는 모두에게 더 큰 이익을 주는 '공동체'를 유지하기 위한 하나의 공유 가치입니다.

알아 두기

최후통첩 게임(Ultimatum game)
고전 경제학의 게임 이론 중 하나로 실험경제학에서 사용되는 방법론입니다. 기본적으로 두 명의 참여자가 등장해 돈을 분배하는데 1번 참여자가 돈을 어떻게 분배할지 제안하면, 2번 참여자는 이를 받아들이거나 거절할 수 있습니다. 만일 2번 참여자가 '거절'을 선택하면 두 사람 모두 한 푼도 받지 못합니다. 2번 참여자가 '수용'을 선택하면 1번 참여자의 제안에 따라 돈이 분배됩니다. 이 제안은 한 번만 진행되기 때문에 보복(reciprocation)은 할 수 없습니다.

공정성과 뇌섬엽

뇌섬엽은 전두엽과 두정엽, 측두엽에 의해 덮여 보이지 않는 대뇌피질 부위다. 뇌섬엽은 외부 세계를 경험하고 인식하는 데 핵심적 역할을 한다. 사랑에 빠졌을 때, 혹은 역겨움을 느낄 때 활성화되며, 신뢰할 것인가, 죄책감을 느낄 것인가, 공감할 것인가, 부끄러워할 것인가 하는 인식에도 관여한다. 뇌섬엽은 자신이 공정하게 대우받고 있는지를 점검하기도 한다. 사회생활을 하면서 이성적 통제와 감정적 분노가 충돌할 때 대처하는 방식이 나이에 따라 다른 것은 뇌섬엽이 활성화되는 시기가 다

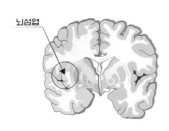

뇌섬엽

르기 때문이다. 젊을 때에는 공정하지 않은 걸 참지 못하고 기꺼이 자신의 이익을 포기하며 행동하는 성향이 나이가 들었을 때보다 더 강할 수 있다. 그런데 시간이 흐르면 뇌의 다른 쪽 전전두엽이 발달하여 좀 더 넓게 전체를 보게 된다. 이때는 불공정한 상황에 대해 바로 반응하기보다는 더욱 긴 안목에서 추세를 지켜보는 성향이 강해진다.

사회진화론

사회진화론은 19세기 후반에 널리 퍼진 다윈의 진화론을 토대로 사회발전을 설명하고자 한 이론입니다. 진화론의 핵심은 자연도태와 적자생존의 원리입니다. 종족 간에 그리고 종족 안에서도 생존을 위한 경쟁과 투쟁은 불가피합니다. 이 과정에서 가장 적합한 존재만이 살아남아 자신의 유전자를

후손에게 물려주게 됩니다. 적자(適者)가 부적자(不適者)를 도태시킴으로써 전체 종족은 더욱 유리한 특질을 발전시키며 진화해 간다고 보는 것이 진화론입니다.

상호의존성과 공정한 배분을 강조하는 사회연대론과 달리 사회진화론은 적자생존을 인류 발전의 원동력으로 바라봅니다. 인간은 자연계의 생명체와 마찬가지로 생존경쟁을 하고 능력을 최대한 발전시키고자 한다고 보는 겁니다. 이 노력이 개인의 생존과 발전을 넘어서서 인류의 발전과 복지 증진으로 이어진다는 견해가 '사회진화론'입니다.

사회진화론은 자연과학의 **패러다임**을 사회과학에 투영한 것이기에 윤리의식이나 사회적 배려의 관점이 결여되어 있습니다. 오로지 적자만이 사회적으로 존재가치를 지닙니다. 이 입장이 오도되면 인종차별주의나 **파시즘, 나치즘**을 옹호하고, **신자유주의**의 경제적 약육강식 논리를 합리화하는 근거가 됩니다. 예컨대 미국의 **시어도어 루스벨트(Theodore Roosevelt)** 대통령은 사회진화론의 신봉자로서 "한국이 일본의 식민지가 되는 것을 반드시 보고 싶다."라고 하기도 했죠. 사회진화론의 관점에서 보면 공정성의 원리나 이에 따른 복지정책, 세계 평화의 차원에서 약소국 보호 문제 등은 인류 발전에 장애가 될 뿐입니다.

어떻게 나눠야 공정한가?

재화를 누가, 어떤 기준으로, 어떻게 나눌 때 사람들은 공정하다고 느낄까요? 신분이 사라진 사회에서 사람들이 받아들이는 분배의 기준에는 '운'과 '실력'이 있습니다. 각각의 기준에 대해 먼저 살펴보겠습니다.

운-'운이라는 기준을 받아들이는 이유'

누구나 똑같이 돈을 내서 로또를 사지만 누구는 수백억을 받고 누구는 한 푼도 받지 못합니다. 아파트 청약 당첨자를 뽑을 때, 교육대학교 부설 초등학교 신입생을 선발할 때에도 추첨을 통해서 합니다. 그래도 불공정하다며 이의를 제기하는 사람은 없습니다. 공정성 분야의 유명한 연구자인 브룸(Broome)도 추첨을 공정성 확보의 한 방법으로 제안하였습니다. 이처럼 운을 기준으로 하면 우리는 차별을 불가항력적으로 받아들이고 결과에 쉽게 승복합니다. 운처럼 어찌할 수 없는 초자연적 힘 앞에서 우리 인간이 할 수 있는 일이란 받아들이고 적응하는 것뿐임을 자연스럽게 배워왔기 때문입니다.

물론 그렇다고 운에 의한 분배를 모두 받아들이는 것은 아닙니다. 열심히 공부해서 실력을 쌓았는데 실력과 무관하게 추첨을 통해 의대생을 선발한다면? 같은 반 안에서 내 마음에 드는 친구가 있는데 이를 무시하고 뽑기를 통해 친구를 결정한다면? 여러분은 이를 받아들이겠습니까? 불합리하고 불공정하다며 바로 이의를 제기할 것입니다.

운을 분배 기준으로 삼을 수 있는 경우

로또 당첨 금액 분배는 제도를 만들 때부터 추첨을 통해 분배 금액을 결정하자고 합의한 것입니다. 복권 판매 수익을 가난한 사람들에게 더 나누어 주는 것이 공정할 수도 있습니다. 하지만 분배 방식에 대해 사회적으로 합의하였기 때문에 이의를 제기하지 않고 받아들입니다. 복권을 주로 사는 사람들이 저소득층이므로 복권 발행을 통한 수익금으로 공공사업을 하는 것은 불공정하다는 비판도 있습니다. 하지만 이 비판은 복권 금액 배분 방법의 공정성에 대한 것이 아니고 쓰임에 대한 비판입니다. 아파트 청약 당첨제의 경우 추첨 제도를 활용하기는 하지만 청약 순위라는 것을 만들어 사전에 공표합니다. 1순위에 든 사람에게 우선권을 주죠. 그런데 운에만 맡기다 보면 이미 부유하면서도 운이 좋은 사람이 당첨되는 경우가 많아집니다. 이 문제를 조금이라도 완화하기 위해 사회가 합의할만한 기준을 일부 추가한 것입니다.

▌ 시흥~신월동 인터체인지 간 도로건설공사 국제입찰 조서를 작성하는 모습이다(1975년 9월 10일). 현재 굴지의 건설사 대부분은 70년대에 경제개발 과정에서 이 입찰 제도를 통해 성장했다. 기업가의 피나는 노력도 있었겠지만 이들은 경제개발기라는 시의 적절함과 입찰이라는 행운을 얻었기에 성장할 수 있었다.

특정 재화를 향한 경쟁이 치열하고, 전문가나 권력자에 대한 불신이 커서 그들의 판단을 받아들일 수 없을 때가 있습니다. 이런 경우에 사람들은 차라리 운에 맡기는 추첨을 선호합니다. 공공기관이 발주하는 각종 사업을 수주하기 위한 경쟁이 치열합니다. 과거에는 전문가들이 다양한 기준에 의해 시공사를 선정했습니다. 그러나 부정부패가 심해지자 법을 통해 일정 금액[군(郡) 단위는 1천만 원] 이상의 사업은 공개 **입찰**하기로 했습니다. 제시한 기준에 부합하는 업체는 누구나 참여하고, 그중에서 가장 운이 좋은 업체가 공사를 수주받죠.

대부분 사람이 공감할 수 있는 바람직하고 합리적이며 공정한 기준을 찾기 어려울 때에는 운을 기준으로 삼기도 합니다. 입학 경쟁이 치열한 교육대학교 부설 초등학교 신입생을 선발할 때가 그렇습니다. 추첨 이외에 사회 구성원을 설득할 다른 기준이나 방법을 찾기 어렵죠. 그래서 비록 최선책은 아니지만, 차선책으로 추첨입학제를 도입하고 있습니다.

실력

실력은 사람들이 가장 합당하다고 생각하며 받아들이는 분배 기준입니다. 실력에 따라 재화를 분배한다고 생각할 때에는 불합리한 분배도 수긍합니다. 〈SBS 스페셜—운인가 능력인가 1부 분노한 자들의 도시〉(2018.11.11)에서는 호프만이 수행한 최후통첩 게임을 통해 이를 다시 증명하였습니다. 한 실험에서 무작위로 제안자와 응답자를 정한 후 제안자에게 10만 원을 주었습니다. 게임 원칙에 따라 제안자는 마음대로 나누어 줄 수 있지만, 응답자가 받아들이지 않으면 둘 다 돈을 받을 수 없습니다. 서로의 정보를 전혀 모르는 상황에서 제안자 대부분은 안전하게 5만 원을 제안하였고, 상대방도 받아들였습니다. 다음 실험에서는 제안자를 결정하는 시험을 보게 했습니다.

5분간 공공기관 입사시험 다섯 문제를 풀게 한 후 점수순으로 제안자와 응답자를 정했습니다. 그랬더니 시험을 잘 본 제안자들이 4만 원, 3만 원 등 불평등한 금액을 제안하였고, 응답자도 한 팀만 제외하고는 모두 수락하였습니다. 시험을 잘 봐서 제안자가 된 사람들은 자신이 더 뛰어나니 조금은 더 가져도 된다고 생각하였지만, 거절당하면 안 되니 상대가 받아들일 최소한의 금액을 생각하여 제안했다고 했습니다.

5달러를 주면서 시행한 호프만의 실험 결과를 보면 무작위로 제안자를 정했을 때는 제안 금액 평균이 4.05달러였습니다. 하지만 시험을 통해 제안자를 정했을 때는 제안 금액 평균이 2.6달러로 무려 36퍼센트나 줄어들었습니다. 사실 이 실험에서 시험을 보는 것과 돈의 배분자를 결정하는 데는 아무런 논리적 연관성도, 연결고리도 없습니다. 그런데도 우리는 시험이라는 장치를 통해 암묵적으로 하나의 배분 기준을 수용한 것입니다.

기울어진 운동장

실력을 기준으로 재화를 배분하는 사회를 실력주의 사회라고 합니다. 그럼 실력을 기준으로 삼는 것은 사람들이 믿는 것처럼 공정할까요? 여러분이 소년·소녀 가장으로 병든 할아버지와 동생들을 돌봐야 하고, 아르바이트하면서 생활비도 벌어야 해서 공부할 시간을 충분히 갖기 어려운 고등학생이라고 가정해 봅시다. 그래도 실력만을 기준으로 대학 신입생을 선발하는 것이 공정할까요? 친구는 고액 과외나 학원 교육을 받아 성적을 올릴 겁니다.

반면에 여러분은 그럴 형편이 되지 못하는데도 성적만을 기준으로 학생을 선발하는 것이 공정하게 느껴질까요?

▌ 기울어진 운동장에서는 시작부터 공정한 경쟁의 법칙이 작동하지 않는다.

‘기울어진 운동장’이라는 말을 들어봤을 것입니다. 어느 한쪽으로 기울어진 운동장에서는 아무리 뛰어난 사람이라도 좀처럼 경기에서 이길 수 없습니다. 애초부터 공정한 경쟁을 할 수 없는 상황에 놓인 친구는 학생부종합전형이든 수학능력시험이든 학생이 받은 성적만을 기준으로 신입생을 선발하는 것에 분노를 느낄 수도 있습니다.

머리가 나쁘게 태어났거나, 집념과 끈기를 갖고 태어나지 못해 열심히 노력해도 성적이 잘 오르지 않는 사람이 있습니다. 지금까지는 이런 사람에게도 자신의 노력이 부족한 것이라며 실력주의 원칙을 받아들이도록 했습니다. 여러분이 그러한 사람이라면 어떻게 느껴질까요? 그냥 운 나쁘게 태어난 것이니 포기하고 비참하게 살아야 할까요?

　반면에 머리는 나쁘게 태어났지만, 부모가 돈이 많아 고액 과외를 비롯한 맞춤형 특별 교육을 받을 수 있는 사람도 있습니다. 고액 과외를 받아 실력을 올리는 것에 대한 비난을 여러분은 어떻게 생각하나요? 머리가 좋게 태어난 것도 머리 좋은 부모를 우연히 만난 것이고, 돈이 많은 부모를 만난 것도 우연입니다. 그런데 머리 좋게 태어난 사람은 존경을 받고 돈만 타고난 사람은 금수저라며 사회적 비난을 받는 것이 타당할까요?

　다음 장에서는 실력주의에서 말하는 '실력'이 무엇이며, 왜 사람들이 실력주의 사회를 공정하다고 믿는지에 대해 알아보겠습니다. 그리고 누가, 어떻게, 무엇을 기준으로 실력을 평가할 것이며, 실력주의 사회는 정말 공정한 사회인가 하는 문제도 살펴보겠습니다.

2장 실력주의 사회의 실상은 어떤 모습일까?

실력주의

사회는 개인의 실력에 따라 사회적 재화를 분배하는 사회입니다. 우리 사회만이 아니라 온 세계는 실력주의 사회가 가장 공정한 이상적 사회이고, 구현 가능하다고 믿어왔습니다. 특히 우리나라는 그동안 소득 격차에 따른 교육 양극화, 공교육 파행 등 제반 사회적·교육적 문제를 실력주의가 제대로 구현되지 않아서 생긴 결과로 판단해 왔습니다. 따라서 더욱 완벽한 실력주의 사회를 만들기 위해 노력을 경주해 왔죠. 박근혜 정부가 내세운 '학벌이 아닌 능력 중심 사회를 위한 국가 역량 체계 구축'(교육부, 2013), 문재인 정부의 '학력·학벌 차별 관행 철폐'를 위한 대입 및 신입사원 채용에서 **블라인드 면접** 도입도 그러한 노력의 일환입니다.

실력이란?

실력이 뛰어난 사람이라고 할 때 '실력'은 뭘 말할까요? 가장 넓은 의미의 실력은 '우리가 세상을 살아가는 데 필요한 지식과 기능 및 태도를 포함한 제반 역량'을 의미합니다. 심지어 혼자서 잘 놀 수 있는 '노는 실력'도 어떤 의미에서는 실력이라고 할 수 있습니다. 그러나 이러한 실력은 타인에게 크게 도움이 되지 않아서 구매 욕구를 불러일으키지 못합니다. 물론 '노는 실력'도 방송국 예능 공채 시험이나 기타 실력주의의 검증 절차를 거친다면 충분히 구매 욕구를 불러일으킬 대상이 될 것입니다.

사회적 재화 분배의 기준으로서 실력은 '합법적으로 거래할 수 있고 수요가 존재하여 부를 창출하는 데 이바지하는 제반 역량'이라고 정의할 수 있습니다. 세상을 물질적, 정신적으로 풍요롭게 하는 데 이바지하는 재주라면 넓은 의미의 실력에 포함될 수는 있겠죠.

범주에 따른 실력의 의미

구분	정의	비고
최광의	세상을 살아가는 데 필요한 제반 역량 (지식, 기능, 태도)	
광의	개인과 사회적 재화 창출에 이바지할 수 있는 개인의 제반 역량	거래 대상이 아닌 역량도 포함
협의	합법적으로 거래할 수 있고 수요가 존재하는 제반 역량	'실력주의 사회'에서의 실력

하지만 사람들이 돈을 주고 그것을 사려 하지 않으면 그 역량은 좁은 의미의 실력에는 들어가지 못합니다. 예컨대 상담사들이 가지고 있는 실력은 과거에 돈을 지급하려는 사람이 없던 역량이었습니다. 그런데 수요가 늘어나면서 하나의 직업으로 자리를 잡아 현재는 좁은 의미의 실력으로 인정받습니다. 이처럼 좁은 의미에서 실력의 범위도 시대와 사회에 따라 바뀝니다.

실력의 범위와 가치 기준 변화

실력의 범위와 가치는 집단 및 시간과 장소에 따라 바뀌게 됩니다. 그냥 좋아서 시작했던 덕질(뭔가에 파고드는 행위)이 돈을 벌 수 있는 직업이 되기도 합니다. 취미로 했던 운동이 정식 경기 형태로 전환되고 프로 팀이 만들어지면 해당 운동 실력은 보상을 받을 수 있는 좁은 의미의 실력으로 전환됩니다. 프로 게이머들의 게임 역량도 그러한 사례입니다. 다가올 4차 산업혁명 시대에는 기계가 갖지 못한 인성적 특성을 취업을 위한 중요한 실력으로 간주할 수도 있습니다. 이처럼 어떤 물질적 심리적 보상을 받지 못하던 성향, 행동 특성, 역량이 사회로부터 보상을 받게 되면 이러한 것들은 좁은 의미의 실력으로 전환됩니다.

그 반대의 경우도 있습니다. 일부 사람만 갖추고 있는 역량이어서 높은 가격에 거래되었다가 많은 사람이 그 역량을 갖춤에 따라 수요 공급의 법칙에 의해 가치가 크게 떨어지기도 합니다. 영어를 할 줄 아는 사람이 극히 드물던 시절에는 조금만 영어를 해도 통역사가 되어 돈을 벌 수 있었습니다. 그러나 많은 사람이 영어를 잘하게 되면서 과거 정도의 영어 실력으로는 더는 돈을 벌 수 없게 되었습니다.

대입 선발과 실력

개인의 실력을 기준으로 선발하는 것이 가장 공정하다고 믿는 분야가 신입생과 신입사원 선발입니다. 여기에서는 대학 신입생 선발 기준인 실력에 대해 살펴보겠습니다. 실력을 기준으로 학생을 선발하고자 할 때 문제가 되는 것은 무엇을 실력으로 볼 것인가입니다. 부록으로 실린 연표를 보면 아시겠지만, 우리나라 대입 전형은 자주 바뀌고 혼선을 겪었습니다. 그 이유 중의 하나는 대입 선발 기준으로서 실력의 의미, 측정과 평가 방식에 대한 사회적 합의가 이루어지지 않았기 때문입니다.

과거 김대중 정부의 이해찬 장관 기용 후에는 한 과목만 잘해도 원하는 대학을 갈 수 있게 하겠다는 말이 있었습니다. 이 말은 대학 진학을 위해 특별히 한 과목만 잘해도 합격 여부를 판단하는 실력으로 간주하겠다는 의미입니다. 그런데 **4차 산업혁명** 시대에는 창의력, 소통 능력, 문제 해결력, 협동력, 공감 능력 등의 역량이 필요하다는 주장이 제기되었습니다. 특정 분야에 대한 깊이 있는 전문가가 요구되던 시대로부터 전문적이면서도 다양한 방면의 능력을 겸비한 인재가 선호되는 시대로 변화했습니다. 그러자 대학 신입생 선발도 이에 맞춘 기준으로 바꾸자는 주장이 일었고 그 주장이 받아들여졌습니다.

이처럼 대학 신입생 선발 기준인 실력에 대한 개념 정의와 직결된 또 다른 문제는 '누가, 어떻게 측정하고 평가할 것인가?'입니다. 학생부종합전형, 교과 성적 전형, 수학능력시험 위주의 정시 전형, 논술 전형 등은 실력의 기준과 측정 방법이 서로 다릅니다. 무엇을 기준으로, 누가, 어떻게 평가하여 결정하는 것이 가장 타당하고 공정할까요?

승자가 독식하는 극단의 실력주의 사회에서는 직업 분배의 중요한 기준이 되는 학벌을 향한 전쟁이 계속될 것입니다. 그리고 사람들은 그 전쟁에서 승리하기 위해 대학 입학 기준과 방법을 자신들에게 유리하게 만들고자 앞으로도 끊임없이 투쟁하게 될 것입니다.

사례탐구 미국 입학사정관제의 유래와 병폐

제1차 세계대전이 끝난 직후 국제 정세가 어지러워지자 1920년대부터 유대인들이 대거 미국으로 건너오게 된다. 당시 유대인 이민자는 강한 교육열과 우수한 성적으로 하버드 및 명문 대학 입학생 중 압도적 비율을 점했다. 그러자 미국 사회의 주류였던 백인 **앵글로 색슨**계는 위기의식을 느꼈다. 또 명문 대학 동문회 역시 유대인 차지가 되어버린 모교의 상황에 대해 우려를 표명하며 반발했다. 이에 대학은 어떤 방식으로든 유대인을 배제하는 정책을 써야만 했고 대학 입시에 정량평가가 아닌 정성평가의 방식을 도입했다.

물론 '**유대인 할당제**'와 같이 특정 인종이나 민족의 입학을 제한하는 노골적인 정책을 도입할 수는 없었다. 따라서 더욱 은밀한 방식으로 인성, 품격, 또는 장래 가능성과 같은 막연한 평가 지표를 설정해 전인적 평가라는 주관적인 입학 절차로 입시의 방향을 틀게 된다. 이를 통해 정량적인 시험 점수 대신 잠재성, 과외활동, 통솔력, 사회 관계성과 같은 정성적 종합평가 방식으로 학생을 선발하였다. 그러자 앵글로 색슨계의 입학률은 다시 상승했다.

유대인의 사례와 흡사하게 1990년대 이후에는 아시아계가 제2의 유대인으로 입학 사정에서 차별을 받고 있다. 일류대에 입학하기 위해서 아시아계는 다른 인종보다 더 높은 **대학입학자격시험(SAT)** 점수가 필요하다.

이러한 차별과 달리 기득권층의 노골적 특혜도 존재한다. 예컨대 공화당의 전 상원 원내총무 빌 프리스트와 전직 부통령 앨 고어의 아들은 학교 성적이 시원찮았다. 그런데도 빛나는(?) 가문 덕분에 프린스턴대학과 하버드 대학에 입학할 수 있었다. 미국의 **아이비리그** 대학이 기부자, 동문, 유명 인사의 자녀를 특혜 입학시키는 것은 널리 퍼져 있는 입시 관행이다. 주로 고소득층이 즐기는 조정, 승마, 요트, 골프, 폴로 등의 체육특기생 제도는 부유층 자녀의 입학을 위한 특별 통로나 다름없다. 최소한 100만 달러는 기부해야 자격이 주어지는 하버드대 자원위원회(Harvard's Committee on University Resources) 회원에게 부여되는 특전 중 가장 두드러진 것이 자녀의 특례입학이다. 위원회 회원들은 1인당 평균 1명의 자녀를 하버드에 보내고 있으며 그들 자녀의 하버드 합격률은 보통 50퍼센트를 넘어선다.

실력의 측정: 대입에서 '한 줄 세우기'

우리 사회는 '한 줄 세우기'가 많은 문제의 원인인 것처럼 비판하며 여러 줄 세우기를 지향해 왔습니다. 실력의 종류는 다양하고 학생마다 재능과 관심이 천차만별입니다. 그런데도 똑같은 시험을 치르고 높은 점수를 받는 학생만 우수하다는 평가를 받아 좋은 대학에 진학합니다.

이처럼 하나의 잣대(혹은 전형)로 줄을 세운 후 합격 여부를 결정짓는 것은 타당하지 않다는 의견이 많습니다. 한 줄 세우기를 하는 대입 전형 때문에 중·고등학교의 교육이 모두 대학 입시에 맞춰지고 그 결과로 창의성 배양이 안 된다는 비판도 있습니다. 이처럼 여러 줄 세우기를 하면 다양한 실력을 더욱 정확히 반영하여 우수한 학생을 선발할 수 있을 것이라는 믿음이 우리 사회를 지배하고 있습니다.

하지만 막상 여러 줄 세우기를 해본 결과 부모 배경의 영향력 강화, 대입 준비 부담 증가, 평가의 타당성·공정성·신뢰성 저하 등의 문제가 나타났습니다. 이로 인해 실력주의 원칙의 근간이 흔들리면서 사회적 갈등과 혼란도 커지고 있습니다.

마이클 영(Michael Young)은 "완벽한 의미에서의 실력주의는 사람들을 한 줄로 세울 수 있는 합의된 가치가 있을 때만 존재할 수 있다."라고 합니다. 이 주장에 따르면 우리 사회가 실력주의 사회를 구현하겠다고 하면서 '한 줄 세우기'를 비판한 것은 앞뒤가 맞지 않습니다.

한 줄 세우기란?

한 줄 세우기와 여러 줄 세우기의 타당성을 따지려면 먼저 그 의미를 명확히 해야 합니다. 간단히 정의하면 한 줄 세우기란 '실력'을 기준으로 하여 학생을 선발하는 전형이 하나만 존재하는 것을 의미합니다. 모든 대학이 유사 모집단위에서 하나의 기준과 방법으로 신입생을 선발하는 것을 말하죠.

하지만 '사회적 약자 배려 전형', '지역 인재 전형' 등 실력이 아닌 다른 요인을 우선하여 배려하는 전형은 한 줄 세우기의 예외입니다. 이것은 사회적 불평등을 최소화하기 위해 교육 정책 차원에서 고려된 '별도의 줄 세우기'일 뿐, 한 줄 세우기를 위반하는 게 아닙니다.

다음으로 알아야 할 것은 하나의 전형에서 여러 요소를 함께 반영하더라도 이는 한 줄 세우기라는 것입니다. 한 학과가 학종 성적, 수능, 면접 등 다양한 요소를 모두 합산하여 총점을 기준으로 당락을 결정하는 것은 한 줄 세우기입니다. 학종만 가지고 특정 학과 학생을 모두(*사배자 전형 제외) 뽑는 것도 당연히 한 줄 세우기입니다. 그리고 학종 성적, 수능 성적, 면접 성적을

단계별로 적용하여 최종합격자를 결정하는 것도 한 줄 세우기입니다. 이는 대학이라는 경기장에 들어가는 입구는 하나지만 중간의 문이 여러 개 있어서 차례로 모두 통과해야 최종 입장이 가능하게 하는 것과 같습니다.

대입에서의 '한 줄 세우기' 개념 핵심 요소

구분	핵심요소	내용	비고
기준	실력	'실력'을 기준으로 하여 학생을 선발하는 전형이 하나만 존재하는 것	비실력 기준 전형 (예: 사배자 전형)이 별도로 존재해도 한 줄 세우기임.
전형 요소	실력 하위요소	사회가 실력으로 인정하는 (다양한) 요소 반영	한 전형에서 여러 요소를 반영하더라도 한 줄 세우기임.
판단 범위	모집단위	모든 대학의 유사 모집단위에서는 하나의 전형만 활용	대학 간 유사 모집단위 전형이 서로 다르면 이는 여러 줄 세우기임

또 하나 명확히 해야 할 것은 전공 분야마다 전형 기준이 다르다고 하여 이를 여러 줄 세우기라고 해서는 안 된다는 점입니다. 실력주의에서 말하는 한 줄 세우기는 전공(모집단위) 내를 기준으로 합니다. 가령 체육과와 음악과가 학생을 선발하면서 전공별로 자신의 특성에 맞는 하나의 전형을 사용한다고 하여 이를 여러 줄 세우기라고 할 수는 없습니다.

만일 실력주의 원칙을 지키려면 이상에서 설명한 제대로 된 한 줄 세우기를 해야 합니다. 사회가 공감하는 하나의 전형에 따라 실력을 평가하는 한 줄 세우기가 가능하지 않다면 실력주의 사회는 혼란에 빠지게 될 것입니다. 대입과 관련하여 우리 사회가 직면하고 있는 혼란은 사회가 공감하는 특정 전형도, 전형 내의 실력 요소와 이를 측정하기 위한 합의된 잣대도 존재하지 않는 데서 비롯되었습니다.

대입에서 여러 줄 세우기의 문제점

실력주의 위배

비슷한 수준 대학들의 유사 모집단위 간에도 전형 유형이 다를 뿐만 아니라 전형별 반영 과목, 반영 요소, 반영 비율까지 서로 다른 경우가 많습니다. 이는 실력 있는 학생을 선발하려는데 수능을 잘 보는 학생도 있고, 교과 성적이 좋은 학생도 있으며, 논술을 잘하는 학생도 있으니 각각 일정 비율로 뽑자고 하는 주장에 근거합니다. 더구나 잘하는 과목과 못하는 과목이 개인마다 다르니 학종, 교과, 수능 전형에서 포함하는 과목, 포함 요소 및 반영 비율도 다양하게 하자고 합니다. 이를 받아들여 대학마다 평가 반영 요소와 요소별 비율은 천차만별이 되었습니다. 상황이 이렇다 보니 심지어 대학에 들어가는 방법이 1,000가지는 될 거라는 과장된 이야기까지 들리고 있습니다. 이와 같은 전형 유형, 전형별 반영 요소 및 반영 비율 다양화를 통한 여러 줄 세우기는 무엇이 문제일까요?

운의 작용 증가

여러 줄 세우기를 하면 운의 영향력이 더 커집니다. 쉬운 비유를 들자면 한 줄 세우기는 공중화장실 입구에 한 줄로 서게 하는 것이고, 여러 줄 세우기는 입구가 아닌 각각의 변기 앞에 가서 한 줄로 서게 하는 것입니다. 입구에 한 줄로 서게 하는 것은 도착한 순서를 기준으로 하는 것이고, 각 문 앞에 서게 하는 것은 순서와 함께 운이 작용하게 하는 것입니다. 공중화장실에 자신보다 늦게 온 사람들이 다른 문 앞에 선 덕에 자신보다 더 빨리 볼일을 보러 들어갈 때 불합리하다고 느꼈던 기억이 있을 것입니다.

한 줄 세우기

이처럼 여러 줄 서기를 하면 운의 영향이 커집니다. 대입의 경우도 마찬가지입니다. 여러 줄 세우기를 하면 한 줄로 세울 때와 달리 어느 문 앞에서 줄을 서는 것이 자신에게 유리할지를 잘 따져야 합니다. 대입에서는 이러한 판단에 운과 함께 학교와 가정의 지원 역량, 정보력 등 비실력적 요인이 영향을 미쳐 실력주의 원칙을 무너뜨리고 있습니다.

여러 줄 세우기

가정과 학교 배경의 영향력 증대

과거에는 실력의 잣대가 명확했으므로 누구나 그 잣대에 맞추어 준비하면 되었습니다. 하지만 이제는 실력의 하위요소와 이를 측정하는 잣대가 매우 다양합니다. 그 때문에 학생 혼자서 각 대학이 요구하는 실력과 하위요소, 거기에서 사용하는 잣대를 모두 조사하고, 그에 맞추어 준비하는 것이 거의 불가능해졌습니다. 부모나 학교가 미리 어느 대학의 무슨 과를 준비하는 것이 타당한지를 조사하고 조건에 맞추어 학생을 준비시켜야 하는 상황입니다. 그러다 보니 실력이 아닌 부모와 학교가 입시에 미치는 영향력이 더욱 커지게 되었습니다. 이는 학생 개인의 실력을 기준으로 학생을 선발하겠다는 실력주의에 배치됩니다.

준비 부담 증가

여러 줄 세우기를 하면 줄(전형)별 합격자 수가 한 줄 세우기를 할 때보다 크게 줄어들기 때문에 어느 한 줄만을 염두에 두고 준비하는 것은 모험이 됩니다. 그래서 몇 개의 줄을 염두에 두고 준비할 수밖에 없고, 그 결과 준비 부담이 늘어나게 됩니다.

실력주의 원칙에 따른 대입 전형 보완 방향

대학 자율과 한 줄 세우기

원칙적으로 대학은 자신이 원하는 기준에 따라 원하는 학생을 선발할 수 있어야 합니다. 하지만 국가의 세금을 지원을 받거나 제도를 통해 보호와 특혜를 받는 상황이라면 사립대학이라도 정부의 말을 들어야 합니다. 실력에 의한 제대로 된 한 줄 세우기가 되려면 유사한 수준과 성격의 모집단위는 보편타당한 하나의 전형으로 학생을 선발해야 합니다. 다만, 유사 모집단위라고 하더라도 사회가 인정할만한 특수한 목적이 있는 대학의 경우에는 예외가 허용됩니다. 그렇지 않으면 대학 자율의 원칙을 과도하게 침해하여 대학이 반발할 수도 있습니다. 사회나 개인이 충분한 근거를 가지고 이의를 제기할 때는 대입 평가 절차와 기준, 결과를 공개하도록 하는 보완책을 마련하고 있어야 합니다. 또 실력에 의한 한 줄 세우기를 하더라도 사회적 약자를 위한 '별도의 줄 세우기'에는 국가가 정한 방침에 따라 대학이 동참해야 합니다.

최소 수학 능력 확보

대학이라는 기관에서 공부할 학생들을 선발하면서 수학 능력은 평가하지 않고 필요한 특정 기능만으로 뽑는 것이 타당할까요? 대학은 개인의 특정 기능만 키우는 곳이 아니라 궁극적으로 지성을 계발하는 곳입니다. 따라서 수학 능력을 갖추었는지를 평가하는 것이 필수적입니다.

이러한 자유주의적 교육 이념이 아니더라도 학문 간 융복합 교육이 이루어져야 하는 4차 산업혁명 시대의 인재를 기르기 위해서 수학 능력은 필수 조건입니다. 예체능계 학생을 포함한 대학의 다양한 전공 분야 학생들은 누구나 소통에 필요한 국어와 외국어, 그리고 수학이라는 사유 언어 체계, 나아가 다양한 기초 지식을 갖추고 있어야만 융복합 교육이 가능합니다. 만일 특정 기능인을 양성하고자 한다면 굳이 일반 대학에 진학시킬 필요는 없습니다. 특정 유형의 대학(혹은 후기 중등교육기관)을 만들어 거기에서 해당 기능을 익

히도록 하는 것이 타당합니다. 그렇지 않으면 이러한 특정 기능인 우대 전형은 자칫 실력주의 사회를 혼란에 빠뜨리는 하나의 원인이 될 수 있습니다.

찬성과 반대 새로운 전형 모델, 국제 바칼로레아? 도입 vs 반대

조속히 도입!

국제 바칼로레아(IB)는 1968년 스위스에 설립된 국제바칼로레아기구 (IBO)에서 주관하는 국제 공인 교육과정이다. 만 3세부터 19세까지 거치는 초급과정, 중등과정, 고등과정(취업계·진학계)의 세 가지 교육 프로그램을 말한다. 객관식 문제를 맞히는 시험이 아닌, 독창적인 사고와 비판적인 능력에 중점을 두고 평가하는 것이 특징이다.

일본은 이미 2015년부터 국제 바칼로레아에 맞춘 'IB논술형' 교육을 진행하고 있다. 우리나라 역시 2019년에 국제 바칼로레아의 국내 공교육 도입을 위한 한국어화를 확정해서 제주교육청과 대구시교육청을 중심으로 진행 중이다. 이를 통해 역량 기반 논·서술형 평가 체제를 구축해 창의력과 비판적 사고 능력을 갖춘 창의융합형 인재를 양성할 계획이다.

시기상조!

교육의 추세와 달리 학교 현장에서는 여전히 오지선다형에 맞춘 교육 환경이 달라지지 않고 있다. 예컨대 독서를 통한 토론·논술형 수업 진행을 위해 사서 교사가 대폭 확충되어야 한다. 2018년 기준 시도교육청별 '국·공립학교 도서관 전담인력 배치현황'에 따르면 전국 1만 66개 국·공립학교 중 사서 교사나 사서 등이 있는 곳은 43.9퍼센트에 불과하다. 이처럼 토론식 수업을 위한 기반이 부족한 상황에서 추진되는 국제 바칼로레아 도입을 전교조 제주지부는 공개적으로 반대한다는 견해를 밝혔다.

- 실력주의 사회에서 실력은 합법적 거래가 가능하고 수요가 존재하는 제반 역량을 의미합니다.
- 완벽한 의미에서의 실력주의는 사람들을 한 줄로 세울 수 있는 합의된 가치가 있을 때만 존재할 수 있습니다.
- 대입에서 한 줄 세우기란 모든 대학의 유사 모집단위가 하나의 전형만을 사용하는 것을 의미합니다.
- 사배자 전형 등 사회적 약자를 위한 줄은 유사한 관문을 향한 여러 줄 중 하나가 아니라 별도의 줄입니다.
- 대입에서 여러 줄 세우기를 하면 실력주의 원칙에 위배, 운의 작용 증가, 가정과 학교 배경의 영향 증가, 준비 부담 증가 등의 부작용이 생깁니다.

3장 실력 및 성공을 좌우하는 여러 요인

우리가 실력을 기준으로 사회적 재화를 배분하는 실력주의 사회에 대체로 긍정하는 이유는 실력이 순수한 개인의 노력으로 만들어진다는 믿음 때문입니다. 이러한 맹신은 사실일까요? 실력과 노력은 어떤 관계에 있을까요? 실력 형성에 영향을 미치는 요인에는 어떤 것들이 있을까요?

실력과 노력의 관계

우리는 보통 실력은 타고난 재능에 노력을 더해 계발한 결과라고 단순하게 생각합니다. 그렇다면 실력 형성에 노력이 미치는 영향은 어느 정도일까요?

노력에 대한 두 가지 관점이 있습니다. '노력만능론'은 노력을 통해 타고난 재능의 한계를 충분히 뛰어넘을 수 있다고 믿는 관점이고, '노력무용론'은 그것이 어렵다고 보는 관점입니다.

"I can do it(하면 된다)!" 수험생이면 책상에 한 번쯤 써 붙였을 유명한 문장입니다. 우리는 노력만능론을 믿으며 희망을 품었고, 학생들에게도 그렇게 교육했습니다. 자본주의 사회의 기본적인 분배제도도 노력만능론을 기반으로 구축되어 있습니다. 노력만능론은 실력주의 사회를 떠받치는 기본 관점이기도 합니다.

반면에 노력무용론은 아무리 노력하더라도 재능이 뛰어난 사람을 넘어서기 어렵다고 생각하는 관점입니다. 타고난 능력과 성격이 실력 수준의 결정에 더 중요하다면 우리는 미래에도 희망을 품기 어렵습니다. 노력의 한계를 이야기하는 순간 우리는 미래를 바꿀 의지를 상실할까 봐 두려움과 좌절감에 빠집니다. 그리고 우리는 이런 사람들을 운명론자 혹은 패배주의자라고 몰아붙이며 스스로 미래를 변화시킬 의지를 되새기기도 합니다.

노력만능론

노력만능론을 주장하는 대표적인 학자로 우리에게 《마시멜로 테스트》를 통해 널리 알려진 월터 미셸(Walter Mischel)을 들 수 있습니다. 그에 따르면 현대 뇌 과학은 '우리의 뇌 구조가 DNA에 의해 이미 불변으로 확립되어 있다기보다는, 우리가 상상했던 것보다 훨씬 많은 유연성과 가변성을 갖추고 있음'을 보여주고 있습니다. 그 덕에 우리는 삶의 방식에 변화를 가함으로써 운명을 형성하는 데 적극적으로 개입할 수 있다고 주장합니다. 뇌 가소성과 행동 방식의 가변성을 강조하는 사람들은 대체로 노력을 통해 얼마든지 타고난 재능의 한계를 극복할 수 있다고 믿고 있습니다.

노력을 통해 성격과 지능까지도 모두 변화시킬 수 있다는 주장은 우리에게 큰 희망을 줍니다. 이 때문에 사람들은 노력의 가능성을 이야기하고 증거를 제시하는 자기계발서나 공부하는 법 등에 관한 책을 좋아합니다. 설령 노력을 통해 성공하지 못했다고 하더라도 노력이라는 단어는 우리에게 희망과 비슷하게 받아들여지기 때문에 대부분의 사람은 이를 좋아하고 받아들입니다.

마시멜로 테스트

1960년대 후반~70년대 초반, 미국 스탠퍼드대학교의 심리학자 월터 미셸은 대학 부설 유치원에 다니는 4~6세의 아이들과 함께 실험을 했다. 한 명씩 방으로 데려간 뒤 마시멜로 한 개가 놓여 있는 접시를 보여주고 다음과 같이 말했다. "선생님이 잠깐(15분) 나갔다가 돌아올 거야. 그때까지 이걸 먹지 않고 기다리면 한 개 더 줄게."

유치원생 600여 명 중 소수는 문이 닫히자마자 마시멜로를 먹었다. 당장 먹지 않은 아이 세 명 중 한 명은 15분을 기다려 과자를 하나 더 받았다. 유혹을 좀 더 오래 참을 수 있었던 유치원생들은 청소년기에 인지능력과 학업 성적이 우수했고 좌절과 스트레스를 견디는 힘도 강했다. 심지어 2012년 발표된 후속 연구 결과 30년 후의 건강상태(체질량 지수 기준)도 더욱 양호한 것으로 나타났다.

노력만능론은 삶을 더 의미 있게 느끼게 하고, 현실의 고통을 이겨내도록 돕기도 합니다. 실제로 결정론(노력무용론)에 빠지면 우리는 어떤 일을 할 때 조금만 재능에 한계를 느껴도 쉽게 좌절하거나 포기합니다. 잘 알다시피 물이 100도가 되어야 끓기 시작하는 것처럼 노력이 쌓여 일정 시점을 넘어서야 실력이 크게 향상됩니다. 이 변화되는 시점을 임계점이라고 하는데 노력만능론은 우리가 임계점을 넘어설 때까지 포기하지 않고 나아가도록 이끄는 역할을 합니다.

노력만능론자들은 인간의 재능에 대해 성장 정도가 결정된 씨앗이 아니라 무한한 분화 가능성을 지닌 만능 줄기세포와 같은 것으로 생각합니다.

인간의 두뇌는 고정된 것이 아니라 가소성을 가지고 있어서 얼마든지 변화된다는 것이지요.

하지만 노력만능론은 많은 문제도 안고 있습니다. 노력을 통해 무엇이든 할 수 있다는 믿음은 자신의 삶과 미래를 통제할 수 있다는 믿음으로 연결됩니다. 그런데 살아가면서 아무리 노력하더라도 자기 뜻대로 되지 않는 일이 더 많다는 것을 경험하게 되고 좌절합니다. 즉, 노력만능론은 현실과 맞아떨어지지 않는 경우가 많습니다. 노력만능론에 따르면 금메달을 따지 못한 것은 상대보다 노력이 부족한 탓입니다. 노력만능론은 실패의 책임을 개인의 노력 탓으로만 돌리는 개인책임무한론으로 이어집니다. 그래서 노력만능론자들은 성공하지 못한 다른 사람들을 노력이 부족하다고 몰아세우는 경향을 보입니다. 이에 대한 반감이 2015년에 '노오력'이라는 신조어를 만들어냈습니다.

노력만능론의 문제

노력만능론을 주장하고 믿는 사람은 주로 노력을 통해 어려움을 극복하고 자신이 원하는 결과를 이루어낸, 소위 성공한 사람들입니다. 이들은 자신이 이룬 것은 모두 스스로 노력한 결과이므로 오롯이 자기 것이고, 따라서 성과물을 본인 마음대로 할 수 있다고 생각하는 경향이 있습니다. 모든 것이 개인 노력의 결실이라고 간주하면 수천 억대의 자수성가형 거부가 하룻밤 향락을 위해 수억 원을 탕진하더라도 비난하기 어렵습니다. 노력하여 번 돈에 큰 세금을 부과하는 것은 노력의 의욕을 꺾는 것이라는 비판에도 입도 벙긋하기 어렵습니다. 세금을 내야 할 때 될 수 있으면 편법, 심지어 탈법을 동원해서라도 피하려고 하는 경우를 봅니다. 이것은 기본적으로 자신이 이룬 것은 오롯이 개인 노력의 결과라는 믿음이 바탕에 깔려있기 때문입니다.

사례탐구 '노 오 오 오 오 오 오 력' 하 라 !

'노오력'이 유행한 것은 메르스 사태 이후다. 박근혜 대통령이 청와대에서 열린 어린이날 행사에서 "나라가 발전하고, 국민이 편안하게 살기 위한 노력을 계속하다가 대통령까지 됐다."라며 "정말 간절하게 원하면 온 우주가 나서서 도와준다."라고 말한 것이 계기가 됐다. 누리꾼들은 "내가 힘든 이유는 온 우주가 감동할 만큼 '노오력'하지 않았기 때문"이냐고 응수했다. 구조적 문제를 도외시하고 "노력하면 된다."라는 메시지를 전파하는 데에 대한 일종의 반감을 표출한 것이다.

'노오력'과 짝을 이룬 말 중에 압도적으로 많은 단어는 '부족'이었다. "노오력이 부족해"란 문장이 가장 널리 쓰였다. "금수저로 태어나려는 노오력이 부족했다"(트위터), "내가 흙수저로 태어난 것은 노오력이 부족해서"(일베)라는 문장이 단적이다. '노력 강조'에 대한 풍자는 한국 사회가 노력만으로 성공을 보장할 수 없는 사회가 됐다는 비판이 담겼다.

노력만능론의 수정 방향

노력만능론은 수정되어야 합니다. 노력 만능의 믿음이 없다면 노력의 의지가 꺾이게 될 것이라는 이유로 진실을 왜곡해서는 안 됩니다. "누구나 노력하면 잘할 수 있다."라는 주장은 "누구나 '자신이 잘할 수 있는 것'을 선택하여 열심히 노력하면 잘할 수 있다."라고 바뀌어야 합니다. 이러한 단서가 없는 상황에서 노력하면 잘할 수 있다는 말의 의미가 주위의 '보통 사람들보다' 잘할 수 있다는 말이라면 타당합니다. 하지만 그 분야에서 최고의 두각을 나타내는 상위 3퍼센트에 들 정도로 잘할 수 있다는 의미라면 이는 타당하지 않습니다.

미국의 밴드 그룹 'The United States Marine Band'의 구성원이었던 마이크 에건(Mike Egan)은 더크워스의 저서 《그릿》에 대한 서평(타임스 게재)을 보고 다음과 같은 글을 보냈습니다.

> "누구나 열심히 노력하면 세계적인 수준에 도달할 수 있다고 아이에게 이야기하는 사람은 아동학대로 감방에 처넣어야 한다."

극단적인 말이지만 잠시 걸음을 멈추고 생각해 볼 필요가 있습니다. 노력의 중요성을 간과하자는 의미는 아닙니다. 해당 분야에서 성공할만한 탁월한 재능을 가지고 있지 않은 아이에게 누구나 열심히만 하면 그 분야에서 최고가 될 수 있다고 이야기하는 것은 자칫 아이를 속이는 행동이 될 수도 있다는 의미입니다.

우리 인간은 잘할 수 있으면서 좋아하는 것, 소질과 특기 그리고 취미에서 개인차를 보입니다. 잘할 수 있으며 좋아하는 것은 다시 말하면 내가 타고난 '나다운 것'이고, 나의 유전자에 적합한 것입니다. 이러한 것을 찾아서 거기에 노력을 집중할 때 우리는 그 분야에서 최고가 될 수 있습니다. 프로기사 이창호가 똑같은 바둑돌로 하는 경기지만 오목 대결에서는 결과가 많이 달랐습니다. 2009년 9월 1일 이창호 9단은 강원랜드 호텔 도깨비 광장에서 제37회 명인전 부대 행사로 열린 하이원리조트 최영 사장과의 친선 대결에서 29수 만에 졌습니다.

사례탐구 **난독증 환자와 노력**

"누구나 노력하면 잘할 수 있다."
이 말은 노력하면 능력의 차이를 극복할 수 있다는 신념을 바탕으로 하고 있다. 조지 W. 부시(전 미국 대통령), 톰 크루즈(영화배우), 존 챔버스(CISCO 회장) 등은 난독증 환자였음에도 노력으로 극복해서 각 분야의 최고가 되었다. 더크워스(Duck worth)도 노력을 통한 장애 극복의 사례로 난독증을 이겨내고 세계적인 작가가 된 존 어빙(John Irving)을 들고 있다. 이러한 예는 자칫 난독증 환자라고 하더라도 누구나 노력하면 그들과 같이 될 수 있다는 착각을 불러일으킬 수 있다. 그리하여 노력만능론의 근거로 이용된다.

노력만능론·노력무용론의 극복

노력만능론과 노력무용론은 사고의 편의를 위해 사람들이 만든 극단론일 뿐 둘 다 현실과는 거리가 멉니다. 아무리 뛰어난 잠재력을 가지고 태어났다고 하더라도 계발되지 않으면 싹을 틔우지 못하고 말라 죽습니다. 좋은 씨앗이라도 길가에 떨어지면 새가 쪼아 먹고, 자갈밭에 떨어지면 곧 시들어 버리며, 가시덤불에 떨어지면 자라지 못합니다. 좋은 땅에 떨어져야 백 배의 열매를 맺습니다.(《마태복음》 13장) 이처럼 씨앗에 해당하는 타고난 재능은 어떤 상황에 놓이느냐에 따라 성장의 정도가 달라집니다. 하지만 노력한다고 하여 거북이가 토끼보다 더 빨리 달릴 수 없음도 우리는 잘 알고 있습니다. 노력을 통해 타고난 재능의 한계를 극복할 수 있다는 다양한 과학적 근거가 있지만, 누구나 노력한다고 하여 그 분야 최고가 될 수 있는 것은 아니라는 근거 또한 많습니다.

노력만능론자든 노력무용론자든 노력 없이 실력을 쌓을 수 없다는 데에는 동의합니다. 이 양자는 노력을 통한 타고난 특성의 한계 극복 가능성에 대한 믿음에서 차이를 보일 뿐이며, 이 차이는 삶에 영향을 미칩니다. '우리의 삶이 DNA 제비뽑기가 아니라 스스로 공들여 만들어 나갈 수 있는 무엇이라고 믿는' 사람은 그렇지 못한 사람에 비해 자신의 삶을 주체적으로 바꾸어 갈 가능성이 더 큽니다. 따라서 우리는 스스로 생의 마지막까지 무지개를 잡을 수 있다는 희망을 접지 말아야 할 것입니다.

그러나 여기서 하나 짚고 넘어갈 것이 있습니다. 누가 노력만능론을 선호하는가를 따져보면 소위 성공한 사람들 혹은 자신이 성공할 가능성이 크다고 생각하는 사람들입니다. 이들은 자신의 믿음에 근거하여 타인의 실패마저도 그들의 노력 부족 탓으로 돌리려는 개인책임무한론을 믿는 경향을 보입니다. 이 글을 통해 이들에게 하고 싶은 이야기는 자신이 노력을 통해 쌓았다고 착각하는 실력과 그를 바탕으로 이루었다고 믿는 성공이 의지적 노력만으로 백퍼센트 이루어진 것이 아님을 직시하자는 것입니다. 마찬가지로 상대의 실패가 개인의 노력 부족 탓만은 아님도 깨달아야 합니다.

소위 성공이라는 것을 하지 못한 사람들, 자신은 성공하기 어렵다고 생각하는 사람들도 노력무용론을 토대로 자신을 합리화시키지는 우를 범하지 않기를 바랍니다. 노력한다고 하여 누구나 해당 분야 최고가 될 수는 없으나 노력이 무의미하다는 '노력무용론'을 주장하고자 하는 것은 아닙니다. 재능과 집념에서 상위 혹은 하위 10~20퍼센트에 속하는 사람이 아닌 나머지 사람들의 경우에는 우리가 믿듯이 고통을 감내하며 자신과 싸우는 의지적인 노력으로 실력이 좌우된다고 보는 것이 타당합니다. 한계는 있지만, 우리 삶에서 노력 이상으로 오늘과 내일의 우리를 변화시킬 수 있는 것은 없습니다. DNA나 사회구조를 탓하기 전에 스스로 최선을 다했는지 돌아보아야 합니다. 그랬음에도 현실이 힘들 때는 자신을 너무 자책하지 맙시다. 모든 것을 개인 탓으로 돌리지 않는 사회를 만들기 위해 노력하는 사람들이 있음을 기억하기를 바랍니다.

노력만능론과 노력무용론 사이에 토론의 핵심 쟁점은 바로 이것입니다. '타고난 재능이 부족하지만 노력을 열심히 하는 사람이 타고난 재능도 탁월한데다가 노력까지 열심히 하는 사람을 뛰어넘을 수 있는가?', '얼마나 더 노력해야 탁월한 재능을 타고난 사람보다 뛰어날 수 있을 것인가?'하는 것이죠. 혹시 노력이나 재능 말고 실력 형성에 영향을 주는 또다른 요인이 있지는 않을까요? 이제 실력과 성공 공식을 통해 이 문제를 알아보겠습니다.

실력과 성공 공식

기존의 믿음과 달리 실력은 노력만이 아니라 타고난 재능과 특성, 부모님, 학교 선생님, 우연히 만난 주위 사람, 행운 등 참으로 많은 요인이 작용한 결과로 만들어집니다. 소위 실력이 뛰어난 사람, 성공한 사람들은 자신이 쌓은 부(명성, 권력 포함)가 혼자만 노력한 결과라는 착각에서 벗어나야 합니다.

그런 착각에서 벗어날 때 우리는 좀 더 겸손해질 수 있습니다. 또 소득 중에서 순수한 노력의 결실이 아닌 부분은 사회에 환원하는 것이 실력주의 사회의 관점에도 더 부합합니다. 또한 성공하지 못한 사람들 모두가 노력이 부족해서 그리된 것이 아님도 깨달아야 합니다. 이러한 깨달음이 우리가 꿈꾸는 신실력주의 사회 형성의 출발점이 됩니다.

실력 형성의 여러 요인

실력 형성에 영향을 미치는 요인, 그리고 개인이 가지고 있는 실력과 함께 성공에 영향을 미치는 요인을 살펴보겠습니다.

노력과 실력의 관계에서 본 것처럼 실력 형성에서 노력은 가장 중요한 변인의 하나(필요조건)입니다. 노력이 없으면 실력은 만들어지지 않습니다. 그러나 실력이 개인의 순수한 노력에만 좌우되는 것은 아닙니다. 실력은 타고난 능력의 바탕에 개인의 노력과 개인 외적 요인을 더한 것이 상호작용하여 만들어집니다.

실력 = 타고난 능력 x [노력 + 교육(공교육+사교육) + 비실력적 요인(가정배경+운+α)]

▎ 실력 공식

타고난 능력의 중요성은 무시하기 어렵습니다. 행복한 삶을 영위하기 위해서는 개인의 특기와 소질을 계발해야 한다는 주장은 타고난 재능과 특성이 중요하다는 가정을 바탕에 깔고 있습니다. 타고난 재능에 개인의 노력과 그 이외의 요인이 상호 작용하여 실력이 만들어집니다.

실력주의 사회에서 사람들이 관심을 두는 것은 형성된 실력 수준 자체라기보다는 실력에 따른 재화의 배분, 즉 개인의 성공 여부입니다. 개인의 성공(자아실현, 직장, 배우자, 행복감 등)은 쌓아온 실력(업무 수행 능력)만이 아니라 비실력적 요인이 작용하여 만들어집니다. 비실력적 요인은 다시 개인적 특성과 기타 요인으로 나뉩니다. 개인의 특성은 ① 외모, 목소리, 성격 등 타고난 특성, ② 개인의 노력과 부모의 도움으로 형성된 습관 및 특성 즉, 실용지식으로 이루어집니다. 남성들도 화장뿐만 아니라 성형까지 하는 현실은 성공에 대한 경쟁이 얼마나 치열한지를 보여줍니다. 구직 후 승진에 큰 영향을 미치는 것은 성격적 특성입니다. 타고난 성격적 특성뿐만 아니라 후천적으로 길러진 실용지식(실용지능)도 큰 영향을 미칩니다. 실용지식(혹은 지능)에 대해서는 아래에서 따로 설명하겠습니다.

성공 = 실력 + 비실력적 요인 [개인특성(타고난 특성+길러진 특성) + 기타(가정환경+운+α)]

▎ 성공 공식

성공에 영향을 미치는 기타 요인은 가정과 사회적 배경, 운 등으로 이루어져 있습니다. 개인의 실력 형성과 성공에 영향을 미치는 다양한 비개인적인 요인을 고려하면 개인이 얻은 결실은 결코 본인만의 것이 아닙니다. 따라서 이를 독식하고자 하는 것은 논리적으로 타당하지 않습니다. 그리고 승자 독식을 보장해 주는 사회제도 또한 정의롭거나 공정하다고 할 수 없습니다.

이상에서 살핀 것처럼 타고난 능력과 집념, 그리고 부모의 배경은 큰 차이를 보입니다. 게다가 우연적 요소까지 실력 형성에서 핵심이 된다면 이렇게 만들어진 실력을 토대로 사회적 재화를 분배하는 것은 결코 공정하지 않습니다. 우연적 요인에 의해 크게 좌우되는 실력을 기준으로 재화를 분배하는 것이 공정하다고 믿는 것은 냉혹한 약육강식의 논리가 정의롭다고 믿는 것과 비슷합니다.

노력의 본질

실력 형성에서 가장 중요한 변인이라고 믿는 개인의 노력은 개인의 순수의지에만 달린 것이 아닙니다. 오히려 상당한 부분 타고난 집중력과 의지력, 그리고 좋은 부모를 포함한 주위 사람들에 의해 길러진 의지력에 영향을 받습니다.

집념 수준에 영향을 미치는 요인

안젤라 더크워스(Angela Duckworth)의 《그릿(Grit)》

능력보다는 노력이 더 중요함을 강조하고 이를 입증하기 위해 애쓴 연구 중에 안젤라 더크워스(Angela Duckworth)가 쓴 《그릿(Grit)》이라는 책이 있습니다. 그릿(girt)은 열정과 끈기가 합쳐진 단어로, 우리말로는 집념이라고 번역할 수 있습니다. 더크워스에 따르면 모든 분야에서 성공을 예측하는 데에 가장 중요한 요인은 재능이 아니라 집념입니다.

미국 육군사관학교 신입생 중에서 중퇴하지 않고 졸업한 사람들, 영어 단어 맞추기 세계대회(Scripps National Spelling Bee) 우승자들, 유니버시티 칼리지 런던(University College London)의 차이(Chia-Jung Tsay) 교수, 그래미상을 받은 음악가이자 오스카상 후보에 올랐던 윌 스미스(Will Smith) 등 이 책에는 수많은 사람이 소개되었습니다. 그리고 그들은 원하는 목표를 달성할 때까지 결코 포기를 않는 강한 집념의 소유자임을 보여주고 있습니다. 타고난 재능이나 운처럼 운명적으로 그리고 우연히 갖게 된 요인이 아니라 개인의 노력으로 성공이 좌우된다는 사실은 우리에게 희망의 메시지가 되어 다가옵니다.

$$
\begin{aligned}
재능 \times 노력 &= 기술(기량) \\
기술 \times 노력 &= 성취(결실) \\
성취(결실) &= 재능 \times 노력^2
\end{aligned}
$$

▎ 집념의 그릿 공식

위의 공식은 재능보다 노력이 훨씬 더 중요함을 보여줍니다. 기량을 닦기 위해서는 노력이 필요합니다. 닦은 기량을 가지고 결실을 보기 위해서도 노력이 필요합니다. 따라서 재능보다 노력이 미치는 영향력이 훨씬 큽니다. 재능의 중요성에만 집착하면 집념을 비롯한 다른 요인들이 실제보다 중요하지 않다는 메시지를 은연중에 보낼 수 있어서 위험하다는 것이 그의 주장입니다.

더크워스의 주장이 지닌 한계

하지만 집념의 중요성을 입증하기 위해 더크워스가 거론한 예를 자세히 들여다보면 노력의 중요성이 과장된 부분이 보입니다.

첫 번째로 미국 육군사관학교 생도의 예를 살펴보겠습니다. 힘들게 들어온 미국 육군사관학교 생도 중에 1/5은 졸업 전에 중퇴합니다. 그런데 이들 생도 집단을 살펴보면 애초에 물리적 변별 요소가 별로 없음을 알 수 있습니다. 상당수는 첫해 여름 '비스트 배럭스(Beast Barracks)'라는 7주간의 집중 훈련을 받는 도중에 그만둡니다. 누가 끝까지 통과하는지 예측을 시도한 결과 SAT 점수, 고등학교 석차, 통솔력 경험, 운동 실력 중 어느 항목도 중요하지 않았습니다. 더크워스에 따르면 중요한 것은 '집념(grit)'이었습니다.

하지만 이 주장에는 한계가 있습니다. 평가 대상군은 14,000명 이상의 지원자 중에서 1차 서류심사(4,000명)와 2차 학업·체력심사(2,500명)를 통과한 최종합격자 1,200명입니다. 남녀 입학생 대부분은 학교 대표 팀 선수 출신으로 그중 상당수가 주장이었습니다. 이들은 각 분야에서 이미 최고의 점수를 받아 큰 차이가 없었습니다. 따라서 서류상의 점수는 이들을 구분하는 변인으로써 변별력이 떨어집니다. 그리고 체력으로 버티는 혹독한 훈련에서는 다른 요인보다 집념이 이들의 당락을 예측하는 핵심 요인인 것은 너무도 당연합니다.

여기에서 유의할 것이 하나 있습니다. 설령 집념이 중요한 독립 변인이라고 할지라도 30퍼센트 정도는 타고난 특성이고, 나머지는 부모, 선생님 그리고 우연히 노출된 환경에 의해 학습된 것입니다. 따라서 아이들이 보인 집념이 타고난 재능과 달리 개인의 의지적인 노력의 결과라고 은연중에 단정하는 것은 타당하지 않습니다.

이처럼 신체적, 지적 능력에서만 차이가 있는 것이 아니라 노력 정도와 의지에 영향을 미치는 집중력, 수면 시간 또한 선천적 차이가 크다는 것을 밝

힌 연구도 있습니다. 비록 인구의 1~3퍼센트에 지나지 않지만, 하루 4시간 이하의 짧은 수면만으로도 온종일 왕성하게 활동할 수 있는 사람들이 있습니다. 이들을 잠이 없는 사람(short sleeper)이라고 합니다. 2009년, 캘리포니아 샌프란시스코 대학교의 인간유전학자 푸잉 후이 박사는 잠이 없는 사람들이 'hDEC2'라는 유전자변이를 가지고 있다는 연구결과를 발표했습니다. 변형된 유전자를 가지고 있는 사람들의 뇌는 깨어있는 시간 동안 만들어진 독성을 일반인들보다 훨씬 짧은 수면 시간 안에 해독할 능력을 갖추고 있는 것으로 드러났습니다. 과거 입시에서 '사당오락(四當五落: 네 시간 자면 합격하고 다섯 시간 자면 떨어진다.)'이니 하는 말이 성행했을 때, 선천적으로 잠이 많은 학생은 절대적 수면 시간에서 'hDEC2'라는 유전자 변이를 지닌 학생보다 불리할 수밖에 없었을 겁니다.

이처럼 개인 노력의 정도를 전적으로 유전자가 결정하는 것은 아니지만 그렇다고 철저하게 개인의 자유의지에만 달린 것이라고도 할 수 없습니다. 실력의 배양 역시 완벽하게 평등한 선상에서 이루어지지 않습니다.

비실력적 요인

노력 이외에 실력 형성에 영향을 미치는 변인들은 '교육'과 '비실력적 요인'으로 나누어 살펴볼 수 있습니다. 우리의 생각과 달리 실력 형성에는 비실력적 요인이 큰 영향을 미칩니다. 특히 맥나미(McNamee)와 밀러(Miller)는 부모의 경제적 자원과 가족의 계층 배경, 부의 세습, 특권의 대물림, 우수한 교육, 사회적 자본과 문화적 자본, 행운, 차별적 특혜, 태어난 시기, 시대적·사회적 상황 등을 실력에 영향을 미치는 비실력적 요인(nonmerit factors)의 예로

들고 있습니다. 비실력적 요인 중에서는 행운, 태어난 시기, 시대적·사회적 상황 등이 있고, 이러한 것들이 개인의 성패에 불리하게 영향을 미쳐 억울한 경우도 있을 것입니다. 하지만 불공평하다며 사회에 이의를 제기하는 경우는 없습니다. 이는 우리 인간이 인위적으로 조작할 수 있는 통제 범위를 벗어난 신(자연)의 영역이라고 생각하여 체념하고 받아들입니다.

하지만 부모의 사회·경제적 배경, 부와 특권의 세습, 우수한(불공평한) 교육, 사회적 자본과 문화적 자본, 학벌에 따른 차별적 특혜 등의 비실력적 요인은 인간의 영역에 해당합니다. 이에 대해서는 불공평하다고 생각하는 사람이 많습니다. 사람들은 제도 변화를 통해 이것들을 공평하게 바꿀 수 있다고 믿습니다. 이러한 믿음이 타당할까요? 그리고 통제 가능하다고 여겨지는 비실력적 요인은 실력에 어떻게 영향을 미칠까요? 이하에서는 이러한 질문에 대한 답도 함께 찾아보겠습니다.

실력주의 사회에서 학교는 실력을 키우는 핵심기관이면서 동시에 개인의 실력 정도를 판단하는 잣대 역할을 합니다. 어느 학교에 다니느냐, 어떤 선생님을 만났느냐는 개인의 실력에 상당한 영향을 미칩니다. 부모들이 자녀를 특목고나 자사고 등에 보내려고 애를 쓰는 것도 바로 이런 까닭입니다. 교육에는 학교 교육만이 아니라 사교육도 포함됩니다. 비록 불공정하고 차별적인 교육이지만 사교육이 개인의 실력 형성에 미치는 영향 또한 지대합니다.

실력 형성에 영향을 미치는 비실력적 요인에는 가정 배경, 운(태어난 지역, 출생 연월, 사회적 상황 등 기타 우연적 요소) 등이 포함됩니다. 따라서 실력 형성 결과를 모두 개인 노력의 결실로 보는 것은 타당하지 않습니다. 공식에서 본 것처럼 실력 형성에 순수한 의지적 노력(개인 책임) 이외의 요인이 차지하는 비중이 훨씬 더 큽니다.

실력 형성에 영향을 미치는 요인

요인	하위요소	비고
타고난 능력	다양한 능력	특기와 적성을 발견하고 계발해야 함
개인의 노력	· 타고난 높은 집중력과 강한 동기 · 다양한 경험을 통해 강화된 집중력과 동기	노력 정도도 타고난 특성의 영향을 받음
교육	· 학교 교육 · 차별적 교육(사교육)	실력배양 담당 핵심기관
비실력적 요인	· 부모 지원을 포함한 가정 배경 · 운(태어난 지역, 출생 연월, 기타 우연적 요소)	환경 요인도 실력 형성에 큰 영향을 미침

운

흔히 "운 좋은 사람을 이기기 어렵다."라는 말을 하곤 합니다. 과장된 표현이기는 하겠지만 운의 중요성은 세상을 살아본 사람이라면 부정하기 어렵습니다. 기업의 흥망성쇠에도 운이 큰 영향을 미칩니다. 미국 석유 재벌이었던 록펠러는 램프용 기름을 염두에 두고 석유를 독점했다가 전기를 사용하는 전구가 개발되면서 예상과 달리 램프용 석유 수요가 급감하여 거의 파산 지경에 이르게 되었습니다. 반면 또 다른 미국의 대표 재벌 존 피어폰트 모건(이하 J.P 모건)은 에디슨에게 투자하여 엄청난 돈방석에 앉게 되죠. 뛰어난 사업가적 수완과 큰 흐름을 읽는 안목을 지녔던 록펠러였지만 J.P 모건의 사회사인 웨스턴 유니언사에 입사한 무명의 전신기사가 전구를 개발할 줄은 상상하지 못했던 것입니다.

하지만 록펠러에게는 또 다른 운이 따랐습니다. 파산 직전에 유럽에서 중유를 사용하는 엔진이 개발되어 널리 보급되면서 석유 수요가 폭발적으로 늘어난 겁니다. 그 때문에 록펠러는 세계적인 부호로 올라서게 되었습니다. 결국, 에디슨이라는 호박이 넝쿨째 굴러들어온 J.P 모건이나 중유 엔진의 개발 덕을 본 록펠러나 모두 엄청나게 운 좋은 기업가였던 셈이죠. 운 좋은 사람은 뒤로 넘어져도 돈을 줍는다고 할까요?

교육자와 후원자로서 부모의 영향

▮ 존 데이비슨 록펠러

▮ 존 피어폰트 모건

아이 교육에서 부모의 역할이 얼마나 중요한가는 누구나 알고 있습니다. 학교가 아무리 노력을 해도 부모와 가정이 제 역할을 하지 못하면 아이의 성장에 한계가 있습니다. 원래 자녀 교육은 부모의 권리이자 책임이었죠. 그런데 공교육 제도가 도입되면서 공교육 기관이 학부모의 위임을 받아 대행하고 있을 뿐입니다. 하지만 우리는 실력주의 사회 구현에 있어서 부모의 영향력이 문제인 것처럼 이야기합니다. 심지어 부모의 영향력을 줄여야 한다는 모순적 주장을 하기도 합니다.

그렇다면 부모가 자녀 교육을 직접 수행하거나 지원하는 것은 불공정할까요? 누구나 공감하듯 부모는 자녀 교육의 일차적 책임자입니다. 부모의 역할이 중요하기 때문에 교육학자들과 우리 사회는 부모의 교육 역량 강화가 학생 교육을 위해 필수라고 주장합니다.

하지만 공정한 경쟁이라는 관점에서는 자녀에게 더 나은 교육을 제공하기 위한 부모의 노력이 부당한 것으로 매도당하기도 합니다. 심지어 과외 금지조치 등을 통해 그러한 지원이 불법이 되기도 하죠. 부모 자신이 직접 자녀의 인성이나 지식과 기능적인 역량을 길러줄 때의 부모는 '자녀 교육자로서의 부모'입니다. 직접 교육하기보다는 타인에게(학교 포함) 자녀 교육을 의뢰할 때의 부모는 '교육 후원자로서의 부모'라고 명명할 수 있습니다. 후원자로서 부모 역할 중에서 사회가 문제시하는 것은 공교육이 아닌 사교육 후원자의 역할입니다. 교육자와 후원자, 부모가 지닌 이 두 가지 역할에 대해 우리 사회가 상반된 태도를 보이는 것은 타당할까요?

공정성을 강조하는 사람도 교육자로서 부모 역할을 문제시하기는 어렵습니다. 물론 부모의 영향력을 배제하기 위해 모두 공공탁아소에서 길러야 한다는 극단론자들도 없지는 않습니다. 하지만 실용지능이나 사람에 대한 사랑과 감사 등을 자연스럽게 배우는 데는 가정보다 나은 기관이 없습니다. 이미 공산주의 사회에서 시행한 탁아소 실험 등은 실패한 것으로 판명되어 이를 주장하는 사람은 별로 없습니다.

그렇다면 부모가 직접 교육하면 괜찮은가요? 반면 돈으로 자녀 교육을 후원하는 것은 불공정하고 비도덕적일까요? 일부 학부모들이 공동체를 만들어 자기가 잘하는 과목이나 기능을 품앗이 형태로 서로의 자녀에게 가르쳐주는 공동체형 품앗이 교육도 존재합니다. 이 경우는 돈 대신 노동으로 교육의 대가를 치르는 교환 형태일 뿐 자녀를 학원에 보내는 것과 별반 차이가 없습니다. 그런데도 품앗이 형태는 교육공동체라며 권장하고, 학원에 보내는 것은 비교육적인 행동으로 치부할 수 있을까요? 실제로 품앗이 교육을 할 수 있는 사람들은 자녀를 저렴한 학원에라도 보내야 하는 사람들보다 가정 여건이 더 나은 경우가 대부분인데 말입니다.

교육을 농업에 비유하면 아이가 타고난 능력은 씨앗에, 가정환경은 토양에, 부모는 농부에, 실력은 결실에 해당합니다. 만일 자녀를 위한 부모의 노력과 후원을 비실력적 요인으로 간주한다면 실력 자체도 본질적으로 비실력적이라는 모순에 빠집니다. 부모의 교육자·후원자로서 역할을 억제하거나 통제하려 하는 것은 사회 구성원의 실력을 최대한 길러 자신과 사회발전에 이바지하게 하려는 실력주의 사회의 취지에도 어긋납니다. 가족제도를 유지하려고 하는 한, 그리고 생물학적 유전자(gene)와 함께 문화적 유전자(meme)도 전파하고자 하는 인간의 본능을 제거하지 않는 한 이러한 시도는 성공할 수 없습니다. 따라서 실력을 기준으로 한 사회 재화의 배분은 우리 믿음과 달리 근본적으로 불공평합니다. 다만 실력에 따른 과실의 차이가 너무 벌어지지 않도록 제도를 보완하는 것, 그것이 사회의 영속성을 위해 국가가 할 수 있는 역할일 것입니다.

분야별 실력자 상위 5퍼센트와 하위 5퍼센트, 예컨대 천재와 정신적·학습적 장애를 앓고 있는 특수교육 대상자의 경우 노력 이외에도 실력 형성에 영향을 미치는 요인이 나머지 사람들보다 훨씬 큽니다. 각 분야의 최상위 그룹에는 남들보다 훨씬 뛰어난 능력을 타고난 사람들의 비중이 높습니다. 특히 예체능 등 천재성 유무에 따라 성공이 좌우되는 경우는 더 그러합니다. 타고난 능력에 개인의 노력과 그 밖의 요인이 상호작용하여 해당 분야에서 최고의 실력을 갖추게 됩니다. 보통의 능력을 갖추고 태어난 사람도 노력하면 그 수준에 이를 수는 있으나 우리의 기대만큼 그 수가 많지는 않습니다.

실력 공식을 통해 굳이 실력에서 개인의 노력 이외의 요인이 차지하는 비중을 강조한 이유는 노력의 의미를 평가절하하기 위함이 아닙니다. 개인이 좋은 실력을 갖추었을 때 그것을 순수한 개인적 노력의 결실로 착각해서는 안 됨을 강조하기 위해서입니다. 그러한 착각은 성공이 순수한 노력의 결실이라는 착각으로 이어지고, 한발 더 나아가 성공의 결과로 얻은 사회적 부를 독식하는 그릇된 행동으로 이어지게 됩니다.

실력이란 개인의 노력 이외에도 많은 요인이 작용한 결과임을 알게 되면 실력주의 사회가 우리가 생각한 것만큼 정의롭고 공평하지 않음을 깨닫게 될 것입니다. 특히 사회의 양극화가 심각한 상황에서는 부모의 배경이 개인 실력 형성에 미치는 영향력이 큽니다. 따라서 학벌 및 부와 사회적 지위의 세습 경향이 강해집니다. 이 때문에 양극화된 무한 경쟁과 승자 독식의 실력주의 사회에서는 이를 넘어서는 새로운 사회 모델이 요구됩니다. 다음 장에서는 실력주의 사회가 만든 그림자에 대해 살펴보겠습니다.

알아 두기

성공에 영향을 미치는 문화 자본

경제학자 브루스 새서도트(Bruce Sacerdote)가 미국과 영국의 입양아를 대상으로 연구한 〈경제적 성과의 선천성과 후천성〉이라는 논문이 있다. 이에 따르면 대체로 입양한 부모가 친부모보다 머리가 더 좋고, 교육 수준이 높으며, 수입도 높았다. 하지만 입양 부모의 이런 이점은 아이의 학교 성적과 거의 관계가 없었다. 그런데 입양된 아이가 성인이 되자 이들은 IQ만으로 예정되었던 운명을 급격히 벗어났다. 비슷한 상황에 있으면서 입양되지 않은 아이들과 비교해 입양된 아이들은 대학에 가서 좋은 직장을 얻고, 안정적으로 20대에 결혼할 확률이 훨씬 더 높았다.

이 연구에 따르면 입양 부모의 노력이 아이의 학교 성적 향상에는 큰 영향을 미치지 못한다. 하지만 문화 자본, 곧 문화 실력으로 인해 더 성공적인 사회 구성원이 될 수 있음을 보여주고 있다. 성공은 실력만이 아니라 개인의 특성과 외부 환경요인의 영향에 의해 좌우됨을 보여주고 있다.

간추려 보기

- 실력주의 사회는 운 좋게 좋은 부모를 만나고, 좋은 머리와 집념을 타고 난 사람들에게 좋은 사회입니다.
- 노력만능론은 노력을 통해 타고난 재능의 한계를 뛰어넘을 수 있다고 믿는 관점이고, 노력무용론은 그 반대의 관점입니다.
- 기존의 믿음과 달리 실력은 노력만이 아니라 타고난 재능과 특성, 부모님, 학교 선생님, 우연히 만난 주위 사람, 행운 등 참으로 많은 요인이 작용한 결과로 만들어집니다.
- 개인의 성공(자아실현, 직장, 배우자, 행복감 등)은 쌓아온 실력(업무수행 능력)만이 아니라 비실력적 요인이 작용하여 만들어집니다.
- 소득이 양극화된 사회에서는 부모의 배경이 실력 형성에 큰 영향 요인이 되고 따라서 개인의 순수한 노력의 의미는 퇴색됩니다.

4장 실력주의의 그림자
　　－부의 양극화와 학벌 심화

2001년 6월 29일, 85세의 나이로 병마와 싸우며 죽음을 눈 앞에 둔 마이클 영은 〈실력주의 타도〉라는 짧막한 칼럼을 썼습니다. 이 글은 자신이 40여 년 전에 세상에 내놓았던 실력주의 주장에 관한 마지막 연구의 정리였습니다. 그의 책《실력주의 사회의 도래 (The Rise of the Meritocracy)》는 '1958년부터 시작해 실력주의에 반대하는 최종 반란의 시기로 생각되는 2033년 사이에 영국에서 일어날 것으로 예견되는 문제를 경고하기 위한 풍자였음'을 상기시킵니다. 그리고 이 경고에 귀를 기울이지 않고 막연하게 '실력주의'라는 말을 사회적·정치적 이상으로 여기는 사람들을 강하게 비판했습니다.

실력주의 사회의 그림자

《실력주의 사회의 도래》에서 마이클 영은 미래에는 교육이 실력을 판단하는 척도가 되고, 현재보다 훨씬 더 경쟁이 치열해지리라 예측했습니다. 그가 주장한 내용의 요지는 다음과 같습니다.

"가난한 사람과 소외된 사람은 지금까지도 그러했듯 미래에는 더욱 멸

시당하게 될 것이다. 그들은 학교를 통해 자신의 모습을 바꾸더라도 나중에 실업자가 될 가능성만 커진다. 이들은 자수성가한 사람들에 의해 심한 멸시를 받고 사기를 잃게 될 것이다. 실력에 의해서 모든 것이 평가되는 사회에서 실력을 갖추지 못한 사람은 어려움을 겪게 될 수밖에 없다. 역사상 사회 하층이 이렇게 도덕적으로 무방비 상태에 놓인 적은 없었다."

그가 말하는 실력주의 사회의 문제점은 다음과 같습니다.

> ① 실력을 갖춘 사람들이 상층으로 몰림에 따라 하층민을 대변할 지도자가 부재.
>   그 결과 하층민의 정치적 무관심과 자포자기 증가
> ② 세습이 아니라 실력으로 지위와 부를 획득함으로써 정당성을 확보한 상층부의
>   과욕에 대한 사회적 제재 수단 결여
> ③ 이에 따른 계층 간의 양극화 심화
> ④ 실력 판단 기준인 교육을 향한 극단적 경쟁

그의 주장에 따르면 현재 우리 사회에 나타나고 있는 많은 문제는 실력주의가 제대로 구현되지 않아서 생긴 결과가 아닙니다. 오히려 실력주의 사회의 그림자가 짙어진 결과라고 볼 수 있죠. 따라서 개인의 실력을 더욱 정확히 평가함으로써 완벽한 실력주의를 구현하려 할수록 실력주의 사회의 어둠은 더욱 뚜렷해집니다.

한편 실력주의 사회와 달리 귀속주의 사회는 재산과 직업뿐만 아니라 교육권까지 세습되는 사회입니다. 최근 들어 우리 사회는 교육이 점차 세습되는 모습을 보입니다. 얼마 전 모 장관 후보자의 자녀가 부적절한 수상 이력과 부모의 배경으로 의학전문대학원에 진학한 일이 사회적 문제가 되었습니

다. 사법시험을 폐지하고 설치한 법학전문대학원 역시 부유층의 직업을 사회적으로 세습하는 수단으로 변하고 있습니다.

이처럼 사회 계층에 따라 교육이 세습되는 이유는 두 가지입니다.

하나는 '실력'의 의미와 기준을 정할 권한을 상층부가 독점하여 자신들에게 유리하게 만들어 교육의 세습이 이루어지도록 만들기 때문입니다. **5·31 교육개혁** 이후에 '한 줄 세우기'를 비판하면서 수시입학제도 도입, 입시 전형 요소 다양화, 입학사정관제 등 대입 제도를 다양화하였습니다. 그 결과로 부모의 배경이 점차 직·간접적으로 중요한 역할을 하게 된 것을 예로 들 수 있습니다.

또 다른 이유는 실력주의 사회가 지속하면서 세습 사회와 달리 '타고난 능력'을 가진 사람들이 점차 상층부로 몰리기 때문입니다. 마이클 영(Michael Young)에 따르면 인간의 능력은 계급과 무관하게 무작위로 분포되어 있습니다. 그런데 실력주의 사회가 되면서 능력을 갖춘 사람들이 한 계급으로 몰리게 되었습니다. 의무교육 시행으로 인해 계급을 초월해 각자의 능력을 개발하게 되었고, 능력과 노력을 통해 실력을 갖추게 된 사람들은 점차 상층부로 이동합니다. 이에 따라 상층부에는 실력을 갖춘 사람들이 집중되었습니다. 마이클 영은 이를 실력주의 사회의 그림자라고 이야기하죠.

실력주의를 포기하지 않는 한 실력주의가 만든 그림자를 없앨 수 없습니다. 우리가 찾을 수 있는 대안은 실력주의의 그림자를 옅게 하는 것입니다. 이하에서는 우리 사회의 가장 심각한 문제 중 하나인 빈부 격차 심화와 학벌이 왜 실력주의의 그림자인지를 알아보고, 바람직한 대안을 찾아보겠습니다.

실력주의 사회와 빈부 격차 심화

실력주의 사회는 내부에 자기부정의 요소를 지니고 있습니다. 개인의 실력을 기준으로 사회의 재화를 배분하는 것이 가장 '공정한' 사회라고 하더라도 다음 세대가 되면 실력주의는 저절로 깨지게 됩니다. 빈부 격차의 대물림 현상은 현재의 실력주의가 오작동하는 근거이면서 동시에 지금까지의 실력주의가 제대로 작동해 왔다는 증거입니다.

부모가 자녀에게 재산을 물려주는 방법에는 두 가지가 있습니다. 직접 재산으로 물려주는 방법과 실력을 키우도록 교육하는 방법입니다. **《명심보감》** 〈훈자편(訓子篇)〉에는 다음과 같은 글이 실려 있습니다.

> 한서운 황금만영　　불여교자일경　　　사자천금　　불여교자일예
> **漢書云 黃金滿籯이 不如敎子一經이요, 賜子千金이 不如敎子一藝니라.**
> 《한서》에 이르기를 황금이 상자에 가득 차 있음이 자식에게 경서 하나를 가르치는 것만 같지 못하고, 자식에게 천금을 물려줌이 기술 한 가지를 가르치는 것만 같지 못하다.
> 　　　　　　　　　　　　　　　　　　　　　－《명심보감》〈훈자편(訓子篇)〉

재산 상속이 아니라 교육을 통해 자녀의 실력을 키워주는 것이 더 바람직하다는 《한서(漢書)》의 글을 인용한 내용입니다. 이러한 문화 속에서 살아온 우리나라 부모들은 재산이 있는 한 자녀 교육에 투자를 늘려갈 것이고 이를 막기 어려울 것입니다.

그런데 부모가 자녀의 실력 향상을 위해 투자하는 자원은 실력주의 사회를 통해 축적된 것입니다. 자유시장 경제에서는 실력주의가 지속되면 빈부

▌ 부와 소득 분배, 불평등 역사 연구의 대부로 불리는 경제학자 앤서니 앳킨슨 (1944~2017)

격차가 커지고, 부모 경제력에 따른 자녀의 실력 차이도 점차 벌어지게 될 것입니다. "오늘의 결과 불평등은 미래 기회의 불평등을 초래한다."라는 앳킨슨(Atkinson)의 주장은 이와 같은 맥락입니다.

이 때문에 실력주의 사회는 그 안에 자신을 스스로 통제하는 시스템이 필요합니다. 개인 간 소득 격차 심화를 합리적으로 조정하고, 상속세나 사회보장제도를 강화하는 등 실력주의 사회의 그림자를 옅어지게 할 보완장치가 요구되죠. 그렇지 않으면 실력주의가 강화될수록 경제력과 생활 수준의 직·간접적 대물림 또한 더욱 강화될 것입니다.

실력주의와 학벌

학벌, 실력주의의 산물

"학벌의 반대말이 뭘까요?"라고 물으면 실력이라고 답하는 사람이 많습니다. 우리는 대개 학벌을 타파하면 공정한 실력주의 사회가 될 것이라고 믿습니다. 민주화 이후에 들어선 모든 정부도 늘 학벌 타파를 주창해 왔습니다. 이념이나 정파에 상관없이 학벌 타파는 대한민국 교육 정책의 공통 구호였습니다.

하지만 정부와 사회가 학벌 타파를 통한 실력 중심 사회 구현을 위해 다양한 노력을 했음에도 학벌 사회의 특성은 강해졌고 세습 사회의 성격마저 짙어지고 있습니다. 왜 그럴까요? 학벌 문제의 핵심은 무엇일까요? 어떻게 하면 학벌을 타파할 수 있을까요?

사례탐구 부의 대물림 사례

경제학자 커윈 찰스(Kerwin K. Charles)와 에릭 허스트는 부를 기준으로 인구를 다섯 집단으로 나눠 부모의 부와 자녀의 부를 비교한 자료를 제시하였다. 이에 근거하면 세대 간의 상관 관계가 상당히 높은데, 최상위 20퍼센트와 최하위 20퍼센트에서 특히 높다. 최하위 20퍼센트에 속하는 부모를 둔 사람 중 36퍼센트는 성인이 되어서도 여전히 최하위 20퍼센트에 머물고, 최상위 20퍼센트에 속하는 부모들 둔 사람 중 36퍼센트는 성인이 되어서도 여전히 최상위 20퍼센트에 속한다.

2007년 노동경제학자 실비아 알레그레토(Sylvia Allegretto)는 미국 월마트의 월튼(Walton) 가문 가족 6명의 재산이 미국 하위 30퍼센트(1억 명)의 재산과 맞먹는 것으로 평가했다. 이들의 재산은 월마트 창업자인 샘 월튼으로부터의 유산이지 스스로 이룬 것은 아니다. 물론 이들은 자신의 재산을 유지, 증식하기 위해 각고의 노력을 경주했다고 할 것이다. 이들의 항변에는 거짓말이라고만 치부할 수는 없는 진실도 존재하기에, 실력주의의 그늘을 걷어내기란 더욱 묘연하다.

학벌을 타파해야 한다는 주장은 암묵적으로 실력과 학벌의 상관 관계가 낮다는 논리를 전제하고 있습니다. 이 주장이 근거가 있다면 학벌을 기준으

실력주의 사회 (실력 위주의 대입제도)

유능한 학생의 특정 대학 집중 현상

특정 대학 출신이 좋은 직업 독과점

명성 & 영향력 확대

■ 실력주의로 인한 학벌 형성 및 강화의 악순환 고리

로 사회적 지위와 재화를 배분하는 것은 실력주의 관점에서 볼 때 타당하지도 공정하지도 않습니다. 하지만 학벌과 실력 사이의 상관 관계가 밀접하다면 학벌이 곧 실력이기 때문에 학벌 타파 주장은 무의미해집니다.

우리 사회에서 나타나는 학벌 문제는 실력과 관계없는 졸업장을 가지고 사회적 재화를 배분하는 데에서 나타나는 공정성 차원의 문제이겠지만 이것보다 더 심각한 문제는 따로 있습니다. 오히려 실력 있는 학생들이 특정한 대학과 학과로 몰리게 되고, 이들이 졸업하여 좋은 직업을 독과점하면서 세력을 형성한 결과로 만들어진 파벌로서의 학벌이 문제의 핵심입니다. 우리의 믿음과 달리 대입에서 학생의 실력을 보다 상세하게 측정하려고 하면 할수록 부모의 배경이 더 중요해집니다. 마찬가지로 신규채용에서 실력을 더 중시할수록 학벌은 강화될 가능성이 큽니다.

시험을 잘 보는 능력과 실력은 다르다고 이야기하기도 합니다. 하지만 신입사원 채용에서 지필고사가 아닌 다른 것을 기준으로 삼는다고 하더라도 소위 말하는 명문 대학은 새로운 기준에 부합하는 신입생을 뽑고, 그에 맞추어 교육할 수 있습니다. 갑자기 신입사원 선발 기준이 바뀌면 얼마간은 명문대 졸업생의 합격률이 떨어질 것입니다. 하지만 시간이 흐르면 명문 대학 졸업생들의 합격률이 과거의 수준으로 돌아가는 요요현상이 나타날 가능성이 큽니다. 만일 기존의 명문 대학이 그 기준을 충족시킬 수 없게 되면 사람들은 다른 대학이나 기관을 찾게 되고, 그 역할을 대행할 수 있는 기관이 제2의 학벌을 만들어 내며 명문 대학을 대신할 것입니다. 일종의 **풍선 효과**죠.

학벌과 실력의 상관 관계가 낮은 사회에서는 학력(學歷)을 배제한 실력을 기준으로 사람을 채용하면 특정 대학 출신의 합격 비율이 낮아질 것입니다. 그러나 학력과 실력의 상관 관계가 높은 사회에서는 앞에서 살핀 것처럼 실력을 기준으로 사람을 채용한다고 하여 특정 대학 출신자의 합격 비율이 낮아지기 어렵습니다. 우리 정부의 학벌 타파 노력에도 많은 사람들이 선호하는 직업에서 특정 대학 졸업자의 비율이 줄어들지 않거나 오히려 학벌이 강화되는 것은 이 때문입니다.

학벌타파법

우리 사회에 나타나고 있는 학벌 문제는 특정 대학 졸업자가 좋은 직업을 대거 차지하여 세력을 형성하면서 나타나는 파벌 문제입니다. 따라서 이 문제를 완화하기 위한 하나의 방안은 실력주의 원칙을 수정하는 것입니다. 가령 신입사원 채용에서 정부 통제가 가능한 공무원, 공기업, 국가의 직·간접

지원을 받는 기관의 직원 채용 시 한 대학 출신자의 비율 상한선을 5퍼센트 이하로 아주 낮게 설정하는 '학벌타파법'을 제정할 수 있습니다. 물론 지원자 중에서 가장 우수한 인력을 선발하는 것을 원칙으로 삼는 실력주의 원칙에 어긋나고, 역차별이라는 비판을 받게 될지 모릅니다. 하지만 앞에서 살핀 것처럼 실력에 따른 재화 배분이 우리가 믿었던 것처럼 완벽하게 공정한 게 아닙니다. 그러니 수정 보완해야 합니다. 그리고 이러한 역차별이 필요한 이유도 충분합니다.

최근 우리 사회의 뛰어난 젊은이들이 창업보다는 안정적인 직업을 선호하는 경향을 보입니다. 이는 사회적으로 보면 인적자원의 낭비입니다. 만일 행정고시 합격자 중에서 한 대학 출신자가 5퍼센트를 넘을 수 없게 한다면 명문대를 나온 많은 우수한 인재가 고급 공무원 대신 창업이나 세계와 경쟁하는 직업에 뛰어들게 될 것입니다. 타고난 재능과 집념 그리고 운까지 좋아 명문 대학에 입학하고 좋은 교육까지 받은 사람은 실력을 최대한 발휘하여 사회발전에 이바지할 소명을 부여받았음을 깨달아야 합니다. '학벌타파법'은 이들이 자신의 소명을 향해 나아가도록 동기를 부여할 것입니다. 안정적인 직업에 안주하고자 한다면 다른 비경쟁적인 대학에 진학하면 될 것입니다. '학벌타파법'을 제정한다면 최소한 5년간의 유예기간을 두어 진학하는 학생들이 이에 대비할 기회를 주어야 합니다. 그리고 공무원 선발 비율을 점진적으로 낮추어 감으로써 충격을 완화하는 것도 대안입니다. 이처럼 실력주의 원칙을 수정해야 우리 사회의 파벌·학벌 문제가 자연스럽게 완화될 것입니다.

고위공무원 약 1,466명 중에서 서울대 출신이 차지하는 비율은 29.6퍼센트(434명)이고, 'SKY' 출신을 합하면 48퍼센트(703명)이다. 국회의원(18대까지)의 30퍼센트 이상이 서울대 출신이다. 이뿐만 아니라 서울대 출신이 대학 총장의 30퍼센트 이상을 차지하고, 2015년까지 500대 기업 CEO 절반이 'SKY' 출신이다.

이러한 자료를 근거로 우리 사회가 학력 위주 사회 혹은 학벌주의 사회라고 주장하는 것이 타당할까? 위의 통계가 학벌주의 사회의 증거가 되려면 이들의 채용과정에서 학력(지위 학벌)을 기준으로 특혜를 주었어야 한다. 하지만 객관적인 평가 항목과 요소, 그리고 기준에 의해 선발했음에도 합격자 중에서 특정 대학 졸업생이 차지하는 비율이 매우 높았다면, 이는 우리 사회가 학벌주의 사회가 아니라 실력주의 사회임을 입증하는 증거로 보아야 한다.

우리나라 대입 전형의 특징은 철저하게 개인의 실력을 바탕으로 하고, 부모의 배경이 직접 작용하는 것을 최대한 차단하는 데에 있다. 이러한 제도하에서 대학은 그 사회가 규정하는 가장 실력 있는 학생들을 받아들였다. 그리고 그 사회가 요구하는 최고의 실력을 갖추도록 교육했을 것이다. 따라서 해당 학교 졸업생들의 실력이 뛰어나다고 가정하는 것이 타당하다. 그렇다면 이와 같은 독점적 현상의 해소 방법은 실력주의의 그림자를 완화하는 것, 즉 실력주의 타파이지 실력주의를 더욱 강화하는 것이 아님을 알 수 있다.

알아 두기

지역인재 할당제

우리 정부가 이미 실시하고 있는 제도 중에 실력주의 원칙을 무시하는 사례가
있다. 공공기관의 연간 신규 채용 인원 중에서 지역 대학 졸업(예정)자가 35퍼
센트가 되어야 한다는 '지역인재 할당제'가 그것이다(「지방대육성법」 제13조 제
3항 제1호, 동법 시행령 제9조의 제2항). 「지방대육성법」 제정 근거 중의 하나로
학벌에 따른 지방대생 차별을 극복하는 방안으로 마련되었다.

간추려 보기

- 실력주의 사회의 그림자(문제점)는 ① 하층민을 대변할 지도자 부재 및 하층민의 정치적 무관심과 자포자기 증가, ② 상층부의 과욕에 대한 사회적 제재 수단 결여, ③ 계층 간의 양극화 심화, ④ 실력 판단 기준인 교육을 향한 극단적 경쟁 등입니다.
- 현재 우리 사회에 나타나고 있는 많은 문제는 실력주의 사회의 그림자가 짙어진 결과입니다. 완벽한 실력주의 사회를 만들기 위해 노력하면 할수록 실력주의 사회의 어둠은 더욱 검게 드리워질 것입니다.
- '공정한' 실력주의 사회라고 하더라도 다음 세대가 되면 실력주의는 저절로 깨집니다.
- 우리 사회에서 나타나는 학벌 문제는 사회가 선호하는 실력을 갖춘 학생들이 특정한 대학과 학과로 몰리게 되고, 이들이 좋은 직업을 독과점하면서 세력을 형성한 결과로 만들어진 파벌 문제입니다.
- 파벌, 학벌 문제를 완화하기 위한 하나의 방안은 실력주의 결과를 수정하는 것입니다.

5장 더욱 공정한 사회를 위하여

우리 인류 는 아직 민주주의보다 더 나은 정치제도는 만들어 내지 못하고 있습니다. 민주주의가 많은 문제점을 지녔음에도 이 제도를 사용하는 국가가 늘어나는 이유가 바로 그 때문입니다. 마찬가지로 실력주의 사회가 많은 문제를 안고 있음에도 인류는 이를 포기하지 못합니다. 아마도 인간의 본능과 사회적 특성에 비추어 볼 때 이보다 나은 분배제도를 고안하기 어려운 까닭일 것입니다.

실력주의라는 폭주 기관차의 질주

우리 사회가 실력주의를 포기하지 못하는 또 다른 이유가 있습니다. 무한 경쟁의 세계화 시대에 개인과 대한민국이 살아남기 위해서는 국제경쟁력을 갖추어야 하기 때문입니다. 2019년 7월, 일본은 한국에 '경제전쟁'을 선포했습니다. 이로 인해 중요 부품을 일본 기업에 의존하고 있는 삼성을 필두로 한국 제조업체 전반에 큰 위기감이 밀려들었습니다. 이 전쟁이 지속되고, 만일 패배한다면 기업만이 아니라 대한민국과 온 국민이 곤경에 처할 수도 있습니다. 경제전쟁에서 이기기 위해 국가는 국민 각자가 자신의 역량을 최대한 계발하고, 그중 누군가는 세계 최고가 될 수 있도록 제도를 만들고 이끌어야 합니다.

하지만 실력주의 사회가 지금처럼 극단으로 치달으면 그 그림자가 짙어져 결국 파멸할 것이라는 경고를 받고 있습니다. 우리가 생각할 수 있는 차선책은 실력주의 사회의 강점을 살려가면서 동시에 그 그림자가 옅어지도록 보완책을 만드는 것입니다. 우연적인 요소에 의해 크게 좌우될 수 있는 실력을 기준으로 삼아 모든 것을 독식하게 해서는 안 됩니다. 그리고 대부분의 사회 구성원이 더욱 행복할 수 있는 새로운 분배 기준을 조화시킬 사회 즉, 신실력주의 사회를 만들어야 합니다. 그래야 대한민국은 국가 경쟁력을 세계 최고로 유지하면서도 오래도록 많은 국민이 행복할 수 있을 것입니다. 아래에서는 신실력주의 사회가 어떤 사회인지, 그러한 사회를 만들기 위해 사회와 교육은 무엇을 어떻게 해야 하는지에 대해 간단히 살펴보겠습니다.

신실력주의 사회란?

신실력주의 사회는 한마디로 이야기하자면 실력을 기준으로 보상을 결정하는 실력주의의 기본은 유지하되 그 문제점을 완화하여 구성원 모두의 행복 지수를 높이는 사회입니다.

앞에서 이야기한 것처럼 실력주의 사회는 공정한 사회는 아닙니다. 운 좋게 좋은 부모를 만나고, 좋은 머리와 집념까지 타고난 사람들에게 좋은 사회입니다. 실력주의 사회가 오래 진행될수록 빈부 격차는 심해지고, 부모가 자녀 교육에 미치는 영향력은 더욱 커집니다. 개인 간의 경쟁과 갈등도 더욱 심해집니다. 그리고 실력을 재는 잣대인 명문 대학을 향한 진학 경쟁도 더욱 치열해집니다.

사람들이 이렇게 행동하는 이유는 실력에 따른 보상 차이가 너무 크기 때문입니다. 무한 경쟁, 승자 독식의 극단적인 실력주의 사회가 되면서 실력에 비례하여 부가 배분되는 것이 아니라 소수에게 부가 집중됩니다.

경제적 측면의 신실력주의

신실력주의 사회는 실력과 대학 선발 및 직업 배분 사이의 연결 고리는 유지하되, 직업과 소득 보상 사이의 연결 고리를 조금 느슨하게 하는 사회입니다. 이를 위해 소득체계 속에 저소득자를 위한 다양한 보완 장치를 마련해서 소득 격차가 너무 벌어지지 않도록 조절해야 합니다. 이러한 방법으로는 누진소득세, 최고경영진에 대한 과도한 임금체계 개혁, 저소득층 조세감면제도, 마이너스 소득세, 임금보호제도, 고용보호제도, 실업보호제도, 상속세, 기부문화 확산 등이 있습니다. 이때 유의해야 할 것은 지나치게 공정하게 분배되어 근로 의욕이 떨어지지 않도록 하는 것입니다. 하지만 우리나라는 다른 나라에 비해 산업계와 노동 시장의 양극화 및 이원화가 심각합니다. 신실력주의 사회 구현을 위해서라도 대기업과 중소기업 간의 불합리한 임금 격차, 고용 격차를 줄여 나가야 합니다.

신실력주의를 위한 교육

또 하나 필요한 것은 교육적 차원의 노력입니다. 개인의 독점 이윤 추구에 대한 본능이 걷잡을 수 없이 커지는 현 상황에서는 부를 향한 편법과 탈법이 난무할 수밖에 없습니다. 따라서 법과 제도만으로는 신실력주의 사회를 꽃 피울 수 없습니다. 학교가 적극적으로 나서서 개개인이 서로의 처지를 이해하는 공감 능력을 갖추도록 교육하고, 개인은 이 능력을 세상에 발휘해 공정한 사회가 되도록 앞장서야 할 것입니다.

피케티(Piketty)는 《21세기 자본》에서 의료, 교육, 연금 등 인간 생존과 관련된 기본적 사회권에 대한 폭넓은 합의가 존재하는 '유럽식 사회 모델'을 제시했습니다. 이런 유럽형 복지국가를 '사회적 국가'라고 부릅니다. 이러한 사회적 국가는 복지경제체제를 바탕으로 하고 있습니다.

▌ 2017년 3월 노원구 중계동 백사마을. 백사마을은 '마지막 달동네'라는 말에 걸맞을 만큼 다방면의 복지 지원이 이루어지고 있다. 마을의 복지지원 대상자들은 주로 노년층이다. 행정 기관의 지원뿐만 아니라 현재 마을에는 가난한 노년층을 대상으로 종교단체, 유수 대기업, 백화점, 사회복지단체, 그리고 일반 개인들의 봉사가 활발하다. 2018년 재개발 계획으로 백사마을은 철거되기 시작했고 2024년에는 완전히 사라질 예정이다.

복지경제체제에서 기업은 노동자와 그 가족들이 생활하는 데 필요한 생활임금(노동자의 최저생활비) 지급, 장기휴가와 충분한 출산휴가 제공, 어쩔 수 없이 해고할 때에는 반드시 충분한 보상, 시민의 건강과 보건에 높은 가치를 부여하는 등의 역할을 합니다. 이런 시장경제를 '양심적 자본주의(Capitalism with a conscience)' 혹은 '따스한 자본주의(Capitalism with a heart)'라고 부릅니다.

집중탐구 대기업과 소기업 임금 3배 차이, 격차 갈수록 심화

우리나라 대기업과 4인 이하 소기업 간 평균 임금이 3배 정도 차이가 나며, 지난 6년(2012~2017년)간 대기업과 중소기업의 임금 격차가 더 벌어졌다는 분석이 나왔다. 대기업과 중소기업 간 임금 격차를 꾸준히 좁혀온 일본과는 대비되는 양상이다.

중소기업연구원은 21일 이런 내용을 담은 〈한국과 일본의 대·중소기업 간 임금 격차 비교 분석〉 보고서를 발표했다. 보고서에 따르면 2017년 기준으로 우리나라 1~4인 기업 근로자의 평균 임금은 500인 이상 기업 근로자의 32.6퍼센트에 불과했다. 대기업 근로자가 월 100만 원을 받았을 때 1~4인 직원을 둔 소기업 근로자는 32만 6천 원을 받는다는 뜻이다. 5~9인과 10~99인, 100~499인 규모의 기업 근로자의 평균 임금도 500인 이상 기업의 근로자와 대비해 각각 48.3퍼센트, 57.2퍼센트, 70퍼센트로 조사됐다.

―《매일경제》(2019.04.21.)

커틀러(Cutler)에 따르면 복지경제체제가 되기 위해 기업은 단순한 영리조직을 뛰어넘어 국가와 함께 국민 경제를 책임지는 제삼의 공공조직이 되어야 합니다. 물론 자본주의 체제에서도 기업과 기업인이 이러한 기능을 일부 수

행하고 있습니다. 국가는 이러한 기업의 역할이 더욱 활성화되도록 최대한 지원을 하겠지만 더 중요한 것은 기업가의 마음가짐입니다. 기업가가 제삼의 공공조직 운영자가 되도록 하려면 어려서부터 교육을 통해 자라나는 미래 기업가의 마음속에 꿈과 희망을 심어주어야 합니다. 이런 교육을 받은 아이들이 성장하면 자연스럽게 복지경제의 한 축을 담당하는 기업가가 될 수 있을 것입니다.

'노동자와 자본가'의 갈등 극복

신실력주의 사회를 이루기 위해서는 노동자의 인식 전환도 필요합니다. 우리는 보통 노동자와 자본가, 고용인과 고용주를 선과 악의 이원적 대립 구도 속에서 논의합니다. 자본가, 고용주를 악으로 보는 관점에서는 기업경영자를 포함한 간부들은 불법, 편법, 탈법적인 수단을 동원해 노동자에게 돌아갈 소득을 빼앗아간 도둑으로 그립니다.

하지만 반대의 관점도 있습니다. 작가 아인 랜드(Ayn Rand)는 러시아 태생 유대인이며 어릴 때 **볼셰비키 혁명**으로 집안의 전 재산을 몰수당했다가 나중에 미국으로 망명한 신자유주의 성향의 대표 작가입니다. 그녀의 책 《아틀라스(Atlas shrugged)》는 기업경영자들이 늘어나는 세금과 정부 규제에 반발하여 기업 문을 닫고 사라지는 사회에 관한 이야기를 담고 있습니다. 이 소설은 사회주의 이데올로기가 지배하는 미래 사회를 배경으로 하며 생산 없는 분배, 발전 없는 평등과 이타주의가 팽배한 세계를 그립니다. 국가는 사회주의적 가치를 옹호하며 생산적이고 능력 있는 기업가의 활동을 억압하죠. 기업가가 성취한 정당한 이익을 갈취하는 노동자에 대한 부정적 시선이 담긴

작가의 주장이 읽히는 작품입니다.

　이 두 가지 주장은 하나의 현상을 서로 반대의 관점에서 보고 있습니다. 그러나 이러한 이원적 접근은 문제 해결에 도움이 되지 않습니다. 혁명이나 전쟁이 아니라면 자본가와 노동자의 적극적 협력이 있어야 경제적 차원의 신실력주의 사회 구현이 가능합니다.

▌ 1917년 볼셰비키 혁명 당시 페트로그라드에 모인 노동자와 군인들. 혁명은 계층 간 소득과 부의 양극화에 대한 통제 장치가 없어 갈등이 극단에 치달을 때 발생한다.

　그런데 여기에서 하나 눈여겨볼 것이 있습니다. 기업가의 눈에 사회 구성원의 행동이 자본주의의 행동 규범에서 벗어나 일탈에 가깝게 보일 때가 있습니다. 이런 경우는 보통 객관적 지표로 보아도 계층 간 소득과 부의 양극화가 극심한 상태에 이르렀을 때입니다. **애덤 스미스**의 표현을 빌리자면 실력에 따른 소득의 차이나 부의 차이가 더는 '중립적 제삼자의 공감'을 얻기 어려울 정도로 양극화된 상황이죠. 이러한 상황에서 사회의 지속성을 보장하기 위해서는 중립적 제삼자가 공감할 수 있는 보상·배분의 공정성에 대한 기준을 도출할 필요가 있습니다. 국가와 기업가는 중산층을 튼튼하게 성장시켜 양극화를 완화해야 합니다. 그래야만 현재의 체제가 파괴될 경우 잃을 것이 많아진 중산층이 약탈자나 부랑자처럼 행동하지 않습니다. 접시 위에 내 몫으로 돌아올 케이크가 남아 있다면 접시 자체를 깨버리려는 사람은 별로 없기 때문입니다.

집중탐구 스웨덴의 '라곰'을 아시나요?

1921년, 스웨덴 정부는 국가를 '국민의 집'이라고 선언하고 국민의 안정적인 생활 보장을 위해 노력했다. 국민 역시 '고부담·고복지'를 수용하면서 경제적 안정과 안락한 노후 보장을 택했다. 그 결과 스웨덴은 일찌감치 '라곰(lagom)'과 '워라밸'을 실현한 사회가 되었다.

'라곰'이란 스웨덴어로 '적당함, 딱 들어맞음'이다. 직장인은 보편적인 유연근무제를 통해 자신이 일하는 시간과 쉴 시간을 계획할 수 있고, 거의 모든 직장에서 개인의 선택을 존중받는다. 가령, 직원이 갑자기 휴가를 쓰겠다며 상사에게 보고하면 상사가 도리어 "네가 쉬는 걸 왜 내게 보고하니? 그건 네가 알아서 하는 거지."라고 반문할 정도다. 이 유연근무제를 통해 확보된 여가는 각종 지역 스포츠 센터 중심으로 커뮤니티 활동을 하며 보낸다.

정치가를 혐오의 대상으로만 가르치는 상황에서는 사랑과 희생정신을

지닌 정치가가 배출되기 어렵습니다. 학교가 정치가의 올바른 역할과 중요성을 깨닫도록 학생들을 교육하고 정치에 꿈을 갖도록 이끌 때 우리 정치의 미래는 희망적일 것입니다. 그리고 그들의 헌신에 대해 사회가 존경과 감사를 보낸다면 정치인은 국가의 미래를 위해 더욱 바른 정치를 펼칠 것입니다.

기업가에 대해서도 마찬가지입니다. 그들이 처한 상황에 공감하고, 기업가 정신을 높이 사며 존경하는 사회적 분위기가 조성될 때 그들도 초경쟁 상황에서 얻어진 수익을 사회에 환원하고자 할 것입니다. 이러한 사회적 분위기 조성은 학교 교육으로부터 시작될 수 있습니다. 학생들이 기업가의 정신과 노력을 이해하고, 자신도 존경받는 기업가가 되겠다는 생각을 지니도록 교육하는 것은 학교의 몫입니다. 이처럼 교육받은 아이들이 성장하여 기업가가 될 때, 그들은 자신의 역할이 단순히 돈을 버는 것이 아니라 우리 사회의 경제를 책임지는 중요한 사람임을 인식할 것입니다.

오늘날 우리 사회의 계층 간 갈등은 마주 보고 달리는 기관차의 파국적 결말과 같습니다. 이 파멸을 막기 위해 일반인은 기업가를 존중하고, 기업인은 사회 모두를 위한 부와 가치를 창출하는 문화가 자리 잡아야 합니다. 정부는 이에 필요한 사회구조의 틀을 만들고 교육은 신실력주의 사회에 적합한 사회 구성원을 만들어 가야 합니다. 그리하면 두 개의 기관차가 하나로 합체해 더욱 힘차게 나아가듯이 우리 사회도 미래를 향해 힘차게 나아갈 것입니다.

알아 두기

실력주의 사회에서의 노블레스 오블리주

'노블레스 오블리주(Noblesse oblige)'는 세습 사회에서 귀족으로 태어난 사람들이 자신의 부와 권력, 그리고 명성이 자기 노력으로 얻어진 것이 아니므로 도덕적 정당성을 확보하기 위해서는 사회에 대해 책임을 져야 한다는 의미로 해석할 수 있다. 그렇다면 세습이 아니라 실력으로 모든 것을 획득한 실력주의 사회에서 성공한 사람들이 사회를 위해 나눔과 봉사를 실천하도록 요청하는 근거는 어디에서 찾아야 할까? 그 핵심의 하나는 실력주의 사회의 최대 수혜자인 그들이 실력주의 사회의 그림자가 너무 짙어져 결국 붕괴하는 것을 막기 위한 목적에서 찾을 수 있다. 신분 사회와 달리 실력주의라는 새로운 게임의 법칙을 통해 승자가 된 그들에게는 실력주의 사회가 극단적 양극화로 붕괴하지 않는 것이 이익이 되기 때문이다.

행복한 신실력주의와 교육의 역할

미래 부자 제대로 길러내기

신실력주의 사회를 만들고자 할 때 가장 문제가 되는 것은 실력을 갖추고 사회 상층부를 점한 사람들이 새로운 공정성의 원칙인 신실력주의에 동의하도록 이끄는 것입니다. 코틀러(Philip Kotler)는 부자들의 반발을 극복하기 위해 이들을 꾸준히 설득해야 한다고 주장하는데, 그가 제시한 방식이 받아들여질 것이라고 믿는 사람은 별로 없습니다.

이보다 더 효과적인 것은 교육을 통해 미래의 부자들을 '미리' 설득하는 것입니다. 미래 사회의 주역이 새로운 사회적 원칙에 공감하도록 하는 역할을 학교가 담당해야 합니다. 개인의 능력은 혼자만을 위한 것이 아니라 세상과 인류를 위해 사용하라고 조물주로부터 받은 것임을 깨닫도록 학생들을 이끌어야 합니다. 개인이 이룬 성취는 오롯이 개인의 순수한 노력의 결과만이 아니라 상당 부분 타고난 능력과 집념, 부모를 포함한 다른 요인이 함께 작용한 결과입니다. 학생들이 이를 깨닫고 '노력무한가능론'에서 벗어나 자신의 성공을 사회와 나누도록 어려서부터 교육해야 합니다.

알아 두기

롤스의 정의론

롤스(John Rawls)는 타고난 능력을 '자연적 운'이라 하고, 부모나 좋은 가정을 만나 사회적 지위 등의 혜택을 보게 되는 것을 '사회적 운'이라고 합니다. 이러한 운은 개인의 소유가 아니라 우리 모두의 공유자산(common asset) 혹은 집단자산(collective asset)임을 천명합니다. 그리고 그 운이 만들어 낸 결과물을 공유할 때 더욱 정의로운 사회가 될 것이라고 주장합니다.

국민 모두가 이렇게 생각할 때 국가도 순수한 노력으로 얻어진 부분을 제외한 잉여 생산에 대해서는 사회와 공유하도록 하는 새로운 분배 제도를 만들 수 있을 것입니다. 이는 개인의 노력이 아니라 부모로부터 물려받은 재산에 대해서는 소득보다 더 높은 상속세를 물려야 한다는 논리와 일맥상통합니다. 그리고 실력으로 얻은 고소득에 대한 누진세 제도 도입의 논리적 근거가 될 수 있습니다.

공감능력이 새로운 실력이다

신실력주의 사회도 실력주의 사회와 마찬가지로 개인이 자신의 실력을 최대한 기르도록 독려해야 합니다. 학습 부담을 고려해 쉬운 수능 정책을 고수하거나, 객관성을 위해 실력을 갖춘 인재를 뽑지 못하도록 하는 정책은 신실력주의 사회 모델과 거리가 멉니다. 미래 사회가 필요로 하는 인재상, 더불어 사는 인재상을 명확히 설정해야 합니다. 그리고 그 목적에 맞추어 학생들이 자신의 잠재력을 꽃피워 보람을 느끼며 살아가도록 이끌어야 합니다.

실력주의 사회에서도 더불어 사는 인간을 기르기 위해 노력했지만, 이는 실력주의 사회구조와 부조화를 이루며 목적을 달성할 수 없었습니다. 따라서 학교가 그러한 인간을 육성하도록 하려면 신실력주의 사회를 만들기 위한 사회적 노력도 병행되어야 합니다.

단기적으로는 교육 개혁안을 마련할 때 우리 사회의 문제에 대한 원인을 둘로 구분해 정책을 세워야 합니다. 첫째는 우리 사회가 실력주의 사회인 까닭에 나타나는 문제이며, 둘째는 교육이 잘못하여 나타나고 있는 문제입니다. 교육이 아니라 실력주의 사회가 원인인 것을 교육정책을 통해 해결하고자 하면 기대한 만큼의 성과를 거둘 수 없을 뿐만 아니라 오히려 부작용만 더 커집니다.

그러면 실력주의 사회의 그림자가 옅어지도록 교육이 할 수 있는 것은 무엇일까요? 마이클 영은 실력주의 사회의 가장 어두운 그림자 중 하나로 경제적 약자들을 대변할 사람이 없어진 것을 들고 있습니다. 실력주의 사회에서는 기존의 빈곤 계층 중에 실력이 뛰어난 사람들이 상류층으로 이동함에 따라 이들이 더는 빈곤 계층을 대변하지 않게 된다는 것입니다. 가령 가난한 집안 출신 학생이 사법고시 합격 후 정계에 진출해 국회의원이 된다 해도 출세 후의 그는 빈곤층을 위한 법안을 만들지 않을 수도 있습니다.

▌끊어진 계층 간 이동의 계단은 단순히 제도 개선만으로는 회복되지 않는다. 타 계층에 대한 이해와 공감의식을 어릴 때부터 키울 수 있도록 교육이 적극적인 역할을 담당해야 한다.

마이클 영의 지적은 이처럼 현실을 정확히 직시한 측면이 있지만 이와 같은 부작용을 방지할 수 있는 길도 교육 안에 있습니다. 교육을 제대로 받으면 사회적 약자에 대한 공감대를 갖추며 성장할 수 있습니다. 이런 인재들은 실력을 인정받아 설령 상류층으로 이동했다고 하더라도 빈곤층의 이익을 대변하며 그들을 위해 살아갈 것입니다. 4대 성인의 한 분인 부처님은 왕자로 태어나 부족함이 없이 생활했지만, 백성의 고생과 세상의 부조리 및 비합리성을 보고 내적 갈등을 일으키며 그들을 구제하고자 했습니다. 보통 사람도

타 계층을 이해하고 공감하며 구제하고자 하는 생각을 가질 수 있으며 실제로 구제하는 사람이 많습니다.

우리 인간은 타인과 공감할 수 있고, 자기가 속한 계층을 뛰어넘어 자신을 자유롭게 할 힘을 가지고 있습니다. 그런데 최근 우리 사회는 그러한 가능성을 망각해 가고 있고, 학교에서도 그 가능성 개발을 소홀히 하고 있습니다. 이러한 세태가 바로 '삼포 세대, 오포 세대, N포세대'라는 단어의 유행과 '흙수저' 논란으로 나타난 것 같습니다. 이제 우리는 경쟁의 필요성과 효과를 인식하고 유지하되 맹목적 실력주의에 근거한 경쟁의 함정에 빠지지 말아야 합니다. 아울러 실력주의 경쟁의 승자가 된 후에도 사회적 책무를 느끼며 더 나은 사회를 만들기 위해 애쓰는 글로벌 시민이 되도록 교육의 역량을 회복할 때가 되었습니다.

교육에 대한 보편적 투자와 사회적·교육적 약자에 대한 정책적 배려는 실력이 있는데 열악한 가정 환경 탓에 잠재력이 덜 개발된 사람을 선별하여 실력주의 사회를 강화하기 위한 정책이 아닙니다. 이렇게 오해할 경우 실력이 부족한 사회적 약자를 대학에서 받아놓고 이들은 잠재력이 덜 개발된 집단이므로 그냥 두어도 스스로 대학에서 더 나은 성적을 보일 수 있을 것이라는 비논리적 사고나 주장을 하게 됩니다.

이러한 제도와 정책은 실력주의 사회의 그림자를 옅게 하기 위한 것입니다. 타고난 재능과 부모의 배경이 타인보다 좋지 않아 충분한 실력을 갖추지 못한 사람들에게도 기회를 주고자 하는 정책입니다. 따라서 대학이 사회적 약자를 받아들였으면 맞춤형 수학 능력 보완 프로그램을 운영하고, 특별 지도교수나 직원을 배정하여 대학 생활 적응 및 진로 지도를 도와야 합니다.

나아가 사회에서는 이들이 직장을 구할 때도 특별한 배려를 하는 방식으로 더욱 적극적인 보완책을 마련해야 합니다.

혜택을 줄 때 잊지 말아야 할 것은 특별 혜택을 받은 개인이 그 혜택을 독식하는 것이 아니라 사회와 공유하도록 이끌어야 한다는 것입니다. 설령 개천에서 승천한 용이 늘더라도 승천 후에 하늘에서 조화를 부려 비를 내리지 않고 물을 모두 제 뱃속에 가둬두고만 있다면 사회적으로 무슨 의미가 있을까요? 이제 우리 사회가 화두로 삼아야 할 것은 제 뱃속 채우는 '개천에서 난 용'을 늘리는 것이 아니라 승천하면 비를 내려 세상을 비옥하게 만들 '비 내리는 용'을 늘리는 일입니다.

전문가 의견

계층 간 이동의 원동력

계층과 상관없이 인간의 능력을 무작위로 고르게 배포하는 자연법칙의 결과로 계층 간 이동의 여지가 생기기도 한다. 유능한 사람들은 대체로 자기 자신보다 더 열등한 자녀를 갖는다. 이는 평균점을 향한 지속적인 회귀 현상 때문이다. 지능이 낮은 사람들도 보편적으로 자신보다 약간 더 뛰어난 자녀를 갖게 된다. 만일 그렇지 않다면 지배적 엘리트 계층이 한 번 확립되는 순간 바로 유전될 것이다. 이러한 자연적인 평균점으로 회귀하는 성향이 사회적 유동성을 가능하게 하는 것이다."

—마이클 영(영국의 사회학자)

- 신실력주의 사회는 한마디로 이야기하자면 실력을 기준으로 보상을 결정하는 실력주의의 기본은 유지하되 그 문제점을 완화하여 구성원 모두의 행복 지수를 높이는 사회입니다.

- 경제 측면의 신실력주의 사회는 실력과 대학 선발, 실력과 직업 배분 사이의 연결 고리는 유지하되, 직업과 보상 사이의 연결 고리는 조금 느슨하게 하여 소득 격차가 너무 벌어지지 않도록 조절하는 사회입니다.

- 신실력주의 사회를 만들기 위해 학교가 도와야 할 것은 개개인이 서로의 처지를 이해하는 공감 능력을 갖추도록 교육하는 것, 나아가 공감 능력을 발휘하여 공정한 사회가 되는 데 앞장서도록 하는 것입니다.

- 복지경제체제가 되려면 기업이 단순한 영리조직이 아니라 한 국가 내에서 국가와 더불어 국민의 경제를 책임지는 제3의 공공조직으로서 임무를 수행해야 합니다.

- 일반인은 기업가를 존중하고, 기업인은 사회 모두를 위한 부를 창출해야 합니다. 그리고 정부는 이에 필요한 사회구조의 틀을 만들고 교육은 신실력주의 사회에 적합한 사회 구성원을 길러내야 합니다. 그럴 때 비로소 우리 사회도 미래를 향해 힘차게 나아갈 것입니다.

- 신실력주의 사회를 만들고자 할 때 가장 문제가 되는 것은 실력을 갖추고 사회 상층부를 점한 사람들이 새로운 공정성 원칙, 신실력주의 사회의 원칙에 동의하도록 이끄는 것입니다.

용어 설명

나치즘 파시즘 가운데에서 가장 반동적이며 야수적인 독일의 파시즘을 말한다. 히틀러와 함께 1933~45년 독일을 독재적으로 지배했던 국가사회주의독일노동자당에서 유래한다.

대학입학자격시험(SAT) 미국 수학능력시험이며 미국의 대학교에 진학하려는 학생들이 꼭 치러야 하는 시험이다.

마이클 영 영국의 사회학자, 사회 운동가, 정치인(Michael Young, 1915~2002)이다.

명심보감 고려 때 어린이들의 학습을 위하여 중국 고전에 나온 선현들의 금언(金言)·명구를 편집하여 만든 책.

볼셰비키 혁명 1917년 10월에 블라디미르 레닌의 지도하에 볼셰비키(다수파)들에 의해 이루어졌으며, 카를 마르크스의 사상에 기반한 20세기 최초이자, 세계 최초의 공산주의혁명이었다.

4차 산업혁명 정보통신기술(ICT)의 융합으로 이뤄지는 차세대 산업혁명으로, '초연결', '초지능', '초융합'으로 대표된다.

시어도어 루스벨트 미국의 제26대 대통령(1901~1909). 대통령 및 연방정부의 권한을 강화했고, 아시아와 유럽 문제에 적극 관여했다. 1906년 러일전쟁을 종식시킨 공로로 노벨 평화상을 수상했다.

신자유주의 국가권력의 시장개입을 비판하고 시장의 기능과 민간의 자유로운 활동을 중시하는 이론.

아리스토텔레스 고대 그리스 최고의 철학자이자 논리학자, 시인, 과학자.

아이비리그 미국 북동부에 있는 8개의 명문 사립대학 또는 이들 8개 대학으로 구성된 스포츠연맹을 가리키는 말

애덤 스미스 18세기 스코틀랜드의 사회철학자·정치경제학자. 《국부론(The Wealth of Nations)》(1776)에서 최초로 자유방임주의를 표방해 자유시장경제를 옹호한 것으로 유명하다.

앵글로 색슨 독일에서 영국으로 건너가 여러 왕국을 세운 게르만 민족의 일부. 현재 영국 국민의 주된 혈통이다.

5 · 31 교육개혁 1995년 김영삼 정부의 제1차 교육개혁안. '열린 교육체제'와 '수요자 중심의 교육체제'가 주된 개혁 방향이었다.

원시공동체 원시 공산제를 토대로 하는 공동체. 혈연적 유대를 기초로 성립하며, 공동 생산, 공동 분배, 공동 소비를 수행하는 사회이나, 역사적으로 그 존재를 실증하기는 불가능하다.

유대인 할당제 하버드대학교는 과거 1920년대 유대인계 학생의 입학을 정원의 15% 이내로 제한했었다. 이를 유대인 할당제, 혹은 유대인 쿼터제라 한다.

이누이트 그린란드 · 캐나다 · 알래스카 · 시베리아 등 북극해 연안에 주로 살며 고기잡이나 사냥 등을 주로 하며 사는 인종. '이누이트(Innuit)'는 인간이라는 뜻이다.

입찰 상품을 구입하거나 공사를 맡길 업체를 찾을 때 여러 희망자로부터 각자가 내놓는 가격을 받아 그 가운데 가장 유리한 조건을 제시한 사람과 계약을 체결하는 방식을 뜻한다.

정량적 관계 어떤 행위의 결과가 숫자나 수량과 같이 가시적 · 물리적으로 드러나는 관계

정량평가 시험성적처럼 눈에 보이고 객관적 측정이 가능한 수치를 통해 평가하는 것.

정성적 관계 어떤 행위의 결과가 눈에 보이지는 않지만 정서나 심리 상태 등의 변화로 이어지는 관계

정성평가 학생의 인성이나 발전가능성, 통솔력 등 평가자의 주관이 개입되기 쉬운 평가 방식.

파시즘 제일 차 세계 대전 후 이탈리아의 무솔리니가 조직한 파시스트당을 중심으로 형성된 독재적이고 선제주의적인 정치적 이념

패러다임 한 시대의 인간 사고를 지배하는 인식 체계. 어느 특정 시대와 분야를 견인하는 규범 및 사물을 보는 방식을 나타내며, 과학 · 사상 · 산업 등 다양한 분야에 쓰이는 말이다.

풍선 효과 어떤 현상이나 문제를 억제하면 다른 현상이나 문제가 새로이 불거져 나오는 상황을 가리키는 말이다.

연표

1777년	미국 버몬트주 최초로 노예제도 폐지(인종차별 폐지의 출발점)
1789년	프랑스 대혁명으로 귀족제 폐지(신분 사회의 붕괴)
1883년	최초의 근대식 사립 학교 원산학사 설립
1884년	유길준, 조선인 최초로 미국 유학. 매사추세츠주 거버너 더머 아카데미 (Govenor Dummer Academy)
1889년	미국 최초로 흑인이 대학에 입학('심슨 대학'에 '조지 W. 카버'가 입학, 농학 및 식물세균학 분야 박사학위 취득)
1894년	조선, 과거 제도·신분 제도 폐지(근대적 실력주의의 토대 마련)
1895년	우리나라 최초의 소학교 '수하동소학교' 설립(근대적 실력 배양 기관)
1900년	우리나라 최초의 관립중학교 설립
1924년	경성제국대학 설립(학사 학위를 수여할 수 있는 한반도 최초의 대학)
1945년	대학입학고사(대학 단독으로 출제)
1946년	국립서울대학교 개교

1947년	제1차 사법시험 시행(실력주의를 통한 신분 상승의 사다리)
1954년	대학입학연합고사
1955년	대학입학고사(대학 단독으로 출제)
1962년	대학입학자격국가고시
1964년	대학입학고사(대학 단독으로 출제)
1969년	대학입학고사(대학 단독으로 출제, 대학입학예비고사가 따로 있었음)
1969년	제1회 대학입학예비국가고사(이 시험의 점수를 가지고 희망 대학에서 대학별 본고사를 따로 치렀음)
1982년	제1회 대학입학학력고사 시행
1994년	제1회 대학수학능력시험 시행
2005년	의학전문대학원 첫 신입생 선발
2007년	법학전문대학원설치법 제정(사법시험 폐지 결정)
2017년	마지막 사법고시 시행

참고 자료

《도널드 트럼프 시대 아인 랜드의 귀환과 기업가 주체》

김영훈(2018), 현대영미어문학 36 | 현대영미어문학회.

《실력과 노력으로 성공했다는 당신에게 : 행운, 그리고 실력주의라는 신화》

로버트 H. 프랭크 지음 | 정태영 옮김(2018), 글항아리.

《존 롤스 정의론: 공정한 세상을 만드는 원칙》

황경식(2018), 경기: 쌤앤파커스.

《입학사정관제의 한계와 가능성, 그리고 입학사정관의 윤리》

권수현(2017), 사회와 철학 33집 | 사회와 철학 연구회.

《협력하는 종: 경쟁하는 인간에서 협력하는 인간이 되기까지》

새뮤얼 보울스 · 허버트 긴티스(2016) | 최정규 · 전용범 · 김영용 역, 서울: 한국경제신문사.

《능력주의는 허구다》

스티븐 J. 맥나미 · 로버트 K. 밀러 주니어 | 김현정 역(2015), 서울: 사이.

《우리는 차별에 찬성합니다: 괴물이 된 이십대의 자화상》

오찬호(2013), 경기도: 개마고원.

《아틀라스1~5》

아인 랜드 | 정명진 역(2003), 민음사.

더 알아보기

국제 바칼로레아

https://www.ibo.org

1968년에 스위스 제네바를 기반으로 설립된 교육기관. 3세부터 19세까지의 학생들을 위한 교육 프로그램을 제공한다. 학생들이 비판적이고 독립적으로 사고하도록 육성하는 데 중점을 두고 관리하며, 논리적으로 질문하는 방법을 가르친다.

한국교육과정평가원

http://www.kice.re.kr/main.do?s=kice

고등학교 이하 각급 학교의 교육과정을 연구·개발하며 각종 교육평가를 연구·시행함으로써 학교 교육의 질적 향상 및 국가 교육 발전에 이바지함을 목적으로 한다.

찾아보기

내인생의책은 한 권의 책을 만들 때마다
우리 아이들이 나중에 자라 이 책이 '내 인생의 책'이라고 말할 수 있는 책을 만들고자 합니다.

세상에 대하여 우리가 더 잘 알아야 할 교양

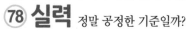 **실력** 정말 공정한 기준일까?

박남기 지음

초판 인쇄일 2019년 11월 26일 | 초판 발행일 2019년 12월 10일
펴낸이 조기룡 | 펴낸곳 내인생의책 | 등록번호 제10-2315호
주소 서울시 성동구 연무장5가길 7 현대테라스타워 E동 1403호
전화 02) 335-0449, 335-0445(편집) | 팩스 02) 6499-1165
편집 전재진 백재운 | 디자인 김은희

ISBN 979-11-5723-566-7 (44300)
      979-11-5723-416-5 (세트)

책값은 뒤표지에 있습니다. 잘못된 책은 구입처에서 바꾸어 드립니다.

이 도서의 국립중앙도서관 출판예정도서목록(CIP)은 서지정보유통지원시스템 홈페이지(http://seoji.nl.go.kr)와
국가자료종합목록 구축시스템(http://kolis-net.nl.go.kr)에서 이용하실 수 있습니다.(CIP제어번호 : 2019042065)

내인생의책에서는 참신한 발상, 따뜻한 시선을 가진 원고를 기다리고 있습니다.
원고는 나무의 목숨값에 해당하는 가치를 지녔으면 합니다.
원고는 내인생의책 전자우편이나 홈페이지를 이용해 보내 주세요.

전자 우편 bookinmylife@naver.com | **홈페이지** http://bookinmylife.com

어린이제품 안전 특별법에 의한 제품 표시

제조자명 내인생의책 | **제조 연월** 2019년 12월 | **제조국** 대한민국 | **사용연령** 5세 이상 어린이 제품
주소 및 연락처 서울시 성동구 연무장5가길 7 현대테라스타워 E동 1403호 02) 335-0449